高校健美操教与练创新发展研究

寿旻超　车磊　马超　著

上海交通大学出版社
SHANGHAI JIAO TONG UNIVERSITY PRESS

内 容 提 要

本书主要内容包括:高校健美操活动概述;高校健美操运动的基础理论、基本术语、动作以及高校开展健美操运动的现状及意义分析;对高校健美操教学的现状、教学的意义、教学的内容以及教学发展趋势的分析;对踏板操、拉丁舞等高校健美操创新训练教学内容的研究;对健美操教育教学中音乐的运用与动作创编的研究;对高校健美操运动健身效果检查与评定的研究等。全书内容丰富，逻辑严谨，既有对健美操运动理论知识的深入探讨，也有对健美操具体项目实践的指导，对高校健美操专业方向的学生培养具有重要的参考价值。

图书在版编目（CIP）数据

高校健美操教与练创新发展研究 / 寿旻超，车磊，马超著 .—上海 : 上海交通大学出版社，2024

ISBN 978-7-313-30802-3

Ⅰ . ①高… Ⅱ . ①寿… ②车… ③马… Ⅲ . ①健美操－教学研究－高等学校 Ⅳ . ① G831.32

中国国家版本馆 CIP 数据核字（2024）第 108714 号

高校健美操教与练创新发展研究

著　　者：	寿旻超　车磊　马超	**地　　址：**	上海市番禺路 951 号
出版发行：	上海交通大学出版社	**电　　话：**	021-6407 1208
邮政编码：	200030		
印　　制：	武汉乐生印刷有限公司	**经　　销：**	全国新华书店
开　　本：	700mm × 1000mm　1/16	**印　　张：**	10
字　　数：	153 千字		
版　　次：	2025 年 5 月第 1 版	**印　　次：**	2025 年 5 月第 1 次印刷
书　　号：	ISBN 978-7-313-30802-3		
定　　价：	78.00 元		

前言

PREFACE

健美操起源于传统的有氧健身操，是以有氧运动为基础，以健、力、美为特征，融体操、音乐、舞蹈为一体的轻松、优美的体育运动。在健身的同时，带给人们艺术享受，使人心情愉快，陶醉于锻炼的乐趣中，减轻心理压力，促进身心健康发展，从而达到了健身健心的效果，对大学生有着深刻的影响。

新时期，国家提出了一系列学校体育改革发展要求，为适应健美操爱好者的需求，以增强学生体质为根本目的，促进体育教学改革，提高高校健美操运动的教育教学水平。不仅帮助学生掌握健美操运动的基本知识、技术、技能，掌握科学锻炼身体的方式、方法，接受终身体育思想，形成终身锻炼身体的习惯，而且提高学生的运动技术技能、审美能力及培养其体育道德和合作精神，帮助学生正确处理竞争与合作的关系，培养创编能力、团队精神和集体荣誉感。而且在培养大学生的思想观念、道德水平、人生观、价值观和世界观等方面具有良好的作用，适应培养全面型人才、实现大学生全面发展的教育目标。

本书从培养体育专业人才的实际需要进行研究，通过问卷调查、专家访谈等方法，针对高校体育教育中健美操教学现状进行调查分析，从中发现存在的问题，再依据课堂教学理论与实践，打破教学现状，让体育课程不断地向着开放型、创新型的模式转变。从健美操教学的具体实际出发，力求从框架体系和专业发展，在教学内容与方法手段上进行改革与突破。以保证高校健美操教学的可持续发展。

本书全面、系统地分析了体育的教育功能、高校健美操基础理论、发展概况、术语以及高校健美操的开展的意义、运动教学、训练方法等内容。

本书共有七章，第一章主要对高校体育与体育活动进行概述；第二章主要对高校健美操运动的基础理论、基本术语、动作以及开展的现状、意义进行分析；第三章主要对高校健美操教学的现状、教学的意义、教学的内容以及教学发展趋势等进行分析；第四章主要对踏板操、拉丁舞、搏击、瑜伽、普拉提、街舞、啦啦操等高校健美操创新训练教学内容进行研究；第五章对健美操教育教学中音乐的运用与动作创编进行研究；第六章对高校竞技健美操训练的内容、特点及教学方法进行分析；第七章对高校健美操运动健身效果检查与评定进行研究。本书内容丰富，逻辑严谨，既有对健美操运动理论知识的深入探讨，也有对健美操具体项目的实践指导。

本书是浙江大学寿旻超、北京大学车磊、浙江外国语大学马超在总结多年教学经验与理论研究的基础上编写完成的。具体撰写分工如下：寿旻超负责撰写第一章、第二章、第七章；车磊负责撰写第四章；马超负责撰写第三章、第五章、第六章。寿旻超做了本书的统稿工作。本书依据浙江大学本科课程思政建设项目的研究成果撰写而成。

本书对健美操运动的研究以及高校学生的体育教学实践会起到积极的作用，是一本集理论性、实用性、时代性于一体的学术著作。本书在撰写过程中参考了一些专家和学者的研究成果，在此表示诚挚的谢意。由于作者能力有限，书中存在的不妥之处，敬请广大读者批评指正。

目录
CONTENTS

第一章 概述

第一节 研究的背景与意义

培养专业性、人文性和社会性兼具的大学生，促进大学生的全面发展是高校体育教育面临的新任务和新挑战。目前，应试教育模式普遍存在，社会、家庭和学校往往只重视学生对书本知识的学习，以分数衡量学生的能力而忽视德育和体育上的教育。使很多大学生缺乏在社会生活中的必备品质和身体素质，缺乏全面的社会生活适应能力，导致无法很好地融入社会，不适应社会生活的情况时有发生。与此同时，近年来官方调查数据表明，大学生体质也在呈逐年下降趋势。

国务院于1995年颁布的《全民健身计划纲要》，是深化落实我国全民健身发展的国家战略，是由国家制定颁布的一份纲领性文件。它的颁布使全民的健身意识、健身要求、健身活动水平都有了较大的提高和发展。健康的生活方式成为人们的追求，更是掀起了全民参与健身运动的热潮，健美操运动也随之得到了迅速发展。健身产业迅速兴起，让社会对健美操专业人才的需求越来越大，社会各界包括学校对健美操专业人才所具备的知识、能力等的要求越来越高，对其培养越来越重视。2021年8月，国务院印发了《全民健身计划（2021—2025年）》，这是我国继2016年之后第四次颁布国家级的全民健身计划纲领性文件，《计划》明确在党中央、国务院坚强领导下，我国全民健身国家战略深入实施，全民健身公共服务水平显著提升，全民健身场地设施逐步增多，人民群众通过健身促进健康的热情日益高涨，健康中国和体育强国建设迈出新步伐。这是对深化体育改革、发展群众体育、倡导全民健身、推进健康中国建设作出部署。代表着国家对社会体育事业更加重视，群众健身意识强烈、健身热情高涨。同时，是全面深化落实健康中国战略，加快建设体育强国与推动实现中华民族伟大复兴中国梦的现实举措。其执行效力将直接关系全民健身发展的整体质量，关系体育事业“两个一百年”奋斗目标的实现。教育部于2003—2004年颁布实施了《全国普通高等学校体育教育本科专业课程方案》中，对体育教育专业人才的定位是：能胜任学校体育教育、教学、训练和竞赛工作，并能从事学校体育科学研究、学校体育管理及社会体育指导等工作的复合型体育教育人才。突出了培养能更好地适应社会需求的高等学校体育专门人才。健美操作为高校体育教育专业专项课程之一，其课程内容也必须适应社会的需求，符合时代的发展，才有生命力，才能可持续发展。提升健美操课程效益，提高健美操教学质量，培养具备多方面能力的健美操人才，应是健美操工作者不断探索和追求的目标。

如今，各高校体育教育专业健美操专修课程教学虽然在不断地进行改革，教学内容不断地更新，取得了一定的效果，但尚存在许多问题，有待于进一步的发现和解决。因此，对浙江省（以下简称“我省”）高校体育教育专业健美操专修教学内容进行全面调查，即对各高校体育教育专业培养目标和健美操专修教材、教学内容、评价体系等进行调查研究，对健美操专修教学内容评定体系构建是非常有必要的。本书采用文献分析法、问卷调查法、实验研究和数据分析、专家访谈等研究方法，对我省高校健美操人才培养现状进行调查分析，从中发现了存在一些问题。再依据课程教学实践，根据健美操教学专家的意见和建议，基于问卷调查的结果，对我省高校体育专业健是美操教学内容的优化进行研究并提出合理建议，以实现对其课程的优化创新，提高高校健美操教学水平，为高校健美操教学提供科学的理论参考。

第二节　研究对象和研究方法

一、研究对象

本文的研究对象是我省部分高校本科健美操方向人才培养。

二、研究方法

本文运用文献分析法、问卷调查法、实验研究和数据分析、专家访谈的方法进行项目的研究。

首先，通过对文献阅读和逻辑分析，总结现有的研究观点和理论，分析现有研究的不足，找出研究方向与重点。文献检索主要通过两个渠道：一是网上检索，包括中国期刊全文数据库、中国博士学位论文全文数据库、中国优秀硕士学位论文全文数据库、中国重要会议论文全文数据库、中国重要报纸全文数据库等；二是检索国家图书馆和中国农业大学图书馆馆藏资源，借阅现有相关图书。

其次，进行问卷调查研究。通过对部分高校健美操教学方法、课程设置等现状进行实地调查，并通过网络对部分高校在校健美操方向学生进行问卷调查。首先对目前高校体育健美操方向教学方法、课程设置、人才培养进行分析，梳理大学生体育锻炼认知现状和专业水平，然后分别将调查数据进行对比，进一步分析评价。

第三节 国内外研究现状

一、国外研究现状

通过对浙江省体育学院图书馆Sportdiscus数据库、CNKI数据库、Google网英文版、国外高校网站及相关图书、杂志、报刊等各类资源的搜集，发现国外对健美操课程的研究较少。以“Aerobics Specialized Course”为关键词在Sportdiscus数据库中检索到42篇文献，其中大多是关于有氧与医学的结合、健身、俱乐部经营或是私人教练等方面的内容，对高校体育活动的研究不多，对高校健美操的研究涉及更少，反映出高校健美操课程具有中国特色。现将有关健美操在国外高校发展的资料总结如下：现代健美操是从20世纪60年代初出现的，最初是美国太空总署医生库帕为宇航员的体能训练设计的阿洛别克（Aerobic）项目。1969年杰姬·索伦森综合了体操和现代舞创编了健美操，并深受人们的欢迎。20世纪70年代健美操在美国迅速兴起，掀起很大的热潮。美国在健美操的发展中起着重要的作用。而简·方达根据亲身经验，即通过从事健美操锻炼获得了健美形体的成功体验，撰写了《简·方达健身术》，随后被译为20多种文字在世界30多个国家发行。在她的影响下，健美操在世界各地迅速兴起。

目前，健美操运动不仅在欧洲发达国家高校蓬勃发展，而且在一些发展中国家和地区的高校也得到不同程度的开展。美国是现代健美操的起源地，是健美操十分盛行的国家，对世界健美操运动的发展有着重要的影响。美国政府和各高校对体育的投入较高，美国除了唯一的一所体育类专业的学校——美国体育学院外，其余体育专业均来自综合类大学中设置的体育院系。学校倾向于开放和娱乐并存的俱乐部教学模式，注重学生个性的发展，以学生需求为中心，以娱乐为指导方针，促进健美操运动在高校快速发展。当下在全球盛行的啦啦操运动是美国高校体育文化的一大特色，体现出学校注重培养学生团队意识和集体主义精神。在日本，许多高校都重视学生参与群众体育活动及终身体育思想的形成。健美操运动引入日本以来，以其动作新颖、热情奔放、节奏感强烈、队形变化多、讲究创新性等特点，加上动作大量取材于爵士舞、非洲民族舞而深受大学生们的喜爱。啦啦操在日本高校也较为普及，部分学校还组建有自己的啦啦操队伍，以学校名义参加比赛或是表演活动。这些对健美操运动在学校和社会的发展都起到了推动作用。另外，日本不论国公立大学或私立大学，体育课都是必修课，入学后的前两年中，每周都设一节体育课，并且是要记考勤的，考勤达不到一定课时，拿不到学分，会影响毕业。除了体育课之外，高校还设立“部活”，这些“部活”都会有教师指导，体育教师担任其专长的体育队指导，其他体育活动则由有经验的老师进行指导。每天下课以后，会开展各项“部活”，包括室外活动和室内活动，周末和节假日几乎没有休息。通过学校体育会系培养的、具有团队精神和领导风格的新鲜血液，是日本企业非常需要的。有过大学参加“部活”经历的学生，在毕业求职中非常有利，因为在部活受到的交际、礼仪以及与前后辈（上下级）关系的培养，被日本企业所重视。在俄罗斯，健美操运动已经列入大中小学的体育教学大纲，在定期举办的全国教练员培训会中教授健美操。总之，国外各高校的体育课程均以社会和学生的需求为出发点，各高校均有各自的特色课程，健美操运动也不例外，其教学内容广泛，注重教学过程而非结果；教师注重拓展学生思维和对学生科研、自学等能力的综合培养，重视对学生理论课的教授，而技术课程设置较少。

二、国内研究现状

健美操是20世纪80年代初传入我国的，发展至今已40年。虽然健美操在我国发展时间较短，但随社会的不断发展进步，以及人们对健康和美的不断追求，使健美操成为一项普及的体育运动。特别是现代学生参加体育锻炼过程中所表现出来的求新、求趣、求知、求动的心理，使昔日的传统体育项目及其教学已不能满足他们的要求。而健美操作为一项正在我国蓬勃兴起的体育运动项目，满足了当今学生求新求异的心理特点及精神需求。由于健美操传入我国和在我国高校课程开设的时间比起传统体育项目来说相对较晚，相应地，对其理论的研究起步较晚，特别是针对健美操课程的研究有待于进一步的完善。

通过中国期刊网全文数据库、中国优秀博硕论文库及对《体育科学》《北京体育大学学报》《体育学院学报》等体育核心期刊的，以及《体育与教学论》《教育学》等相关著作进行提炼，发现虽然对健美操教学的研究较多，但大都是对某个省（自治区、直辖市）的研究，特别是对浙江省的研究较少。2021年5月以“健美操教学”为关键词进行检索，全文数据库显示1431篇，优秀硕士论文161篇；以“高校健美操教学”为关键词检索，全文数据库显示132篇，优秀硕士论文17篇；以“浙江高等院校健美操发展现状与对策研究”为关键词检索，发现结果仅为10篇，分别是对浙江师范大学、浙江工商职业技术学院、浙江科技学院等进行的研究。通过其他方式的搜索均得出针对浙江省高校健美操课程的研究较少的结论。由此体现出对我省高校体育教育专业健美操专修课教学内容进行全面研究的必要性和应时性。进入21世纪，在我国大学体育课程“健康第一”“素质教育”及“终身体育”的思想指引下，特别在2002年《全国普通高校体育课程教学指导纲要》颁布与实施以来，全国普通高校掀起了体育课程新一轮改革的热潮，健美操方面的有关专家学者们开始注重对健美操课程的研究。通过对相关文献的分析，总结出六个主要的研究方向。

（一）健美操教学内容现状

健美操教学的内容非常丰富，主要有健美操理论教学、实践教学和其他辅助性教学内容等。健美操教学的内容关系到教学任务的完成，对高校健美操教学的发展至关重要。在健美操理论教学方面，健美操理论知识是高校健美操教学的重要内容，主要包括健美操的发展历史、健美操的特点及作用、健美操创编的相关内容以及健美操锻炼中的注意事项等。健美操理论知识是大学生学好健美操的必要基础，学习理论知识有助于学生对健美操形成清晰的认识，从而培养其对健美操的兴趣，有助于对学生自我评价、自我监督和创编应用能力的培养，也有利于提高学生健美操锻炼的科学性和安全性。目前来看，大部分高校对健美操理论教学都不够重视，造成了健美操理论课的缺失。相关调查显示，有多达70%的学生没有上过理论课，这势必会影响大学生健美操锻炼的效果和水平。健美操的实践是健美操教学中重要的组成部分，它关系到学生体育能力的提高，也关系到学生对健美操兴趣的培养。与理论课相比，健美操的实践课需要学生亲身参与，更能满足学生的身心需求，因而对学生来说，高校健美操实践课的趣味性较强。但是目前来看，我国高校健美操实践教学的内容单一，大约有90%以上的高校仍将全国大学生健美操套路或自编健美操作为教学内容，这与当今社会学生个性化、多样化的需求相矛盾，势必会影响大学生学习与训练的积极性。除了理论和实践教学，健美操教学效果的实现还与一些辅助性的教学内容有关，如形体锻炼、轻器械练习等，这些辅助性手段或内容都有利于高校学生身体素质的提高，同时教师在教学中积累的一些经验也会对高校学生进行健美操实践起到一定的指导作用。需要注意的是，高校健美操的教学内容应该与社会需求相一致，这是社会发展和健美操发展的共同要求。但是目前总体来看，高校健美操的教学内容与社会需求存在一定的差距。在理论课方面，各高校的教学内容安排还没有表现出太大差异，主要是健美操竞赛组织和运动损伤预防的内容有所欠缺，而健美操创编方面虽有所涉及，但是收效甚微，导致学生的健美操创编能力普遍较低。而从学生发展和社会需求来看，学生毕业后面临就业，而健美操的创编是社会和市场的需求，因此，教学内容的现状对学生日后的求职和择业帮助有限。从高校健美操教学实践内容来看，“自编操”和“大众等级健美操套路”是主要内容，而对比较流行的街舞、有氧搏击、拉丁健美操、爵士舞、瑜伽等深受学生喜爱、学生希望了解的新型健身项目涉及较少，无法满足学生的求知和娱乐需求，因此，将相关内容列入教学大纲，培养学生的创新能力，为学生的就业和后续工作提供帮助，正符合社会的需求。

（二）健美操教材的现状

教材是教师教学的工具，是教学内容的重要载体。教材的选择直接关系到教学的内容和教学的质量。在高校健美操运动教学中存在多种教材，主要包括全国统编教材、体育院系统编教材、自编教材等，健美操教材的选择体现了多样化的特点，学者尤佳丽在《高校健美操教学现状及改进措施探讨》一文中提道：“在高校的健美操教材选编中，使用全国统编教材的高校约占17%，使用体育院系统编教材的占27%，使用高师统编教材的占19%，使用兄弟院校合编教材的占7%，使用自编教材的占24%，另有6%的高校没有教材”。由此可见，目前在高校健美操运动教学在教材的选择方面，选择体育院系统编教材和自编教材的较多，教学教材呈现出多样化的同时存在教材不规范的问题。健美操教材不统一，有关健美操运动的知识的重点选择肯定会有所不同。教材选择不规范，会严重影响到健美操教学的发展，健美操课程的设置和教学内容体系会出现非逻辑性、非系统性等问题。这种不规范的教材选择对学生学习的广度和深度会产生一定的影响，不利于高校学生健美操教学水平的提高，还可能对我国健美操运动的发展起到一定的阻碍作用。另外，许多高校的健美操教材是自编教材，由于编写水平及各种因素的影响，必定会造成教材质量的参差不齐，进而影响高校健美操教学的效果。总体来看，高校健美操教学的教材大都理论性较强，如果没有教师的指导，学生一般很难理解，并且教材的内容大都枯燥乏味，严重影响了学生学习的兴趣和积极性，导致高校健美操教学的效果不甚理想。因此，需要创编质量较高的教材，教材需要图文并茂、简单易懂。创编并逐渐采用这些教材，可以为高校健美操运动教学提供更加科学的指导。

（三）健美操教学方法的现状

健美操教学方法是指在健美操教学过程中为了完成教学任务和目标而采取的教学手段、方式和途径，它对高校健美操教学的质量有决定性作用，进而会影响学生对教学内容的理解以及学习的积极主动性。目前，高校健美操运动教学方法主要有传统教学方法和现代教学方法。传统教学方法主要是通过讲解示范等方式教学，而现代教学方法主要是采用诸如多媒体等现代化的手段进行教学。

首先，传统的教学观念限制了现代教学方法的运用。一直以来，高校健美操教学多采用传统的教学方式，运用传统的教学方法进行健美操教学已经成为一种习惯。不可否认的是，传统的教学方法也在高校健美操教学中起到了积极的作用，这种作用在当今的高校健美操教学中仍然存在。大部分健美操教师已经形成使用传统教学方法教学的习惯和观念。随着科学技术的进步，以多媒体为代表的现代化教学方法出现，并展现出了较大的优势。另外，传统的教学方法也存在比较明显的弊端，如片面强调教学目标的完成，忽视了对学生能力的全面培养和教育，不能以大多数学生为主要的教学对象。以此看来，运用现代化的教学方法已经成为时代发展和高校健美操教学发展的要求。但是，高校健美操教师使用传统教学方法的观念较深，一时难以接受现代化教学方法并将其运用到教学实践中，因此现代化教学方法的广泛运用需要一个过程。在现代化教学方法的优势得以充分展现之后，其应用将会越来越广泛。

其次，客观条件限制了现代教学方法的运用。传统的教学方法因为应用时间较长，教师积累了比较丰富的教学经验，因此操作起来比较方便。而现代化的教学方法虽然比较新颖，但应用时间不长，许多教师对其不够了解且缺乏使用经验，许多事情需要从头做起。同时教师因为自身水平等原因，在操作一些现代化的设备时会遇到诸多问题，导致教学无法顺利进行，在这种情况下，教师更倾向于运用传统教学方法。还有一种情况是，高校健美操教师已经充分认识到现代化教学方法对健美操教学的积极意义，也有运用现代化教学方法进行健美操教学的强烈愿望，但是由于客观经济条件的限制，如高校资金缺乏，无力购置先进设备等，导致现代化教学方法无法得到广泛运用。

在高校健美操教学中，通常存在两种教学方式：第一种是教师带领学生跳操，然后反复演示操练，直至学生掌握动作为止；第二种是教师带领学生跳操，中途留给学生充足的练习时间，学生自己体会并纠正自己动作，直至掌握为止。两种教学方式的区别在于给学生的自由度不同，也是针对学习水平不同的学生采用的不同方式。前者一般是针对基础较弱的学生，反复的演示能使学生快速掌握动作要领，后者的对象是基础较好且学习能力强的学生，给他们足够多的自我练习时间，能使他们充分练习、体会和领悟，有利于他们自学能力的培养。

从我国高校健美操运动教学方法的现状来看，传统的教学方法仍居首要位置，这就导致了健美操课的单调枯燥，使学生无法完全理解健美操的基本知识和动作要领，一定程度上降低了学生学习健美操的积极性，使学生在学习过程中的接受程度远远不能达到教师的要求，因此在一定程度上影响和制约了高校健美操教学的发展。

（四）健美操教学师资的现状

在健美操的实际教学中，什么样的教学法能更大限度地激发学生的自主学习能力，是每个教师需要思考的问题。因此，师资建设对高校健美操教学的重要性不言而喻。师资水平的高低直接关系到教学效果的好坏，要提高高校健美操的教学水平，必须提高高校健美操教学师资的素质和水平。我国高校健美操运动教学师资的现状在以下几个方面体现。

1. 性别年龄

高校健美操运动教学师资在性别方面具有较大的不平衡性。在高校健美操运动师资中，女性教师占绝对的主体地位，而男性教师的数量则非常少。虽然与以往相比，男性健美操教师的数量有所增加，但与女性教师之间的比例仍然极不合理，因此应该加大男性健美操教师的培养力度，缩小男女教师数量的差距。从年龄来看，高校健美操教学师资中中青年占主体，师资队伍比较年轻，精力充沛，敢闯敢拼，这种情况有利于高校健美操教学的发展。同时，师资队伍中还有一些年纪较大的教师，这些教师虽然体力和精力有所下降，但在长期的教学过程中积累了丰富的教学经验，可以在教学中对中青年教师队伍进行指导，在一定程度上能够弥补中青年教师经验不足的劣势。健美操教师的年龄结构趋于年轻化，适合健美操课程教学的专业性要求和特点。在中青年和中老年教师的协调配合下，发挥老教师的传帮带作用，发挥中青年教师的体力和精力优势，对高校健美操教学具有重要的积极作用。

2. 学历职称

学历是一位教师知识技能水平的反映，一般来说，学历越高，教师的水平和素质就越高，在教学中越能施展自身的能力，越能保证健美操教学的质量。近年来我国的高校体育教师队伍已逐渐形成以博士、硕士为骨干，以本科学历为基础的结构。我国高校的健美操教学师资中，硕士、本科学历的教师占绝大多数，硕士学历教师的比例在不断上升，但是与其他学科教师学历结构相比还存在较大差距。在教学方向中，能够教授大众健美操的教师所占的比例非常大，而能够教授诸如拉丁舞、恰恰舞、交谊舞、街舞、瑜伽等的教师则非常少。因此，高校健美操教学师资的学历水平仍需进一步提高，专业方向需要进一步拓展。以提高整个健美操教学师资队伍的整体素质。从职称方面来讲，高校健美操教学师资的职称主要有助教、讲师、副教授、教授等。其中助教和讲师的数量比例较大，而副教授、教授比例较小，这与我国高校健美操教学师资的年轻化有关，也说明我国高校健美操教学师资的教龄还普遍比较短，教学经验方面存在不足，自身能力还有待进一步提高。这就需要职称低的教师不断加强对健美操专业知识的学习，抓住机会参与各方面培训，尽快提高自身的教学水平，以提高教学效果。教授也要对这部分教师多进行指导，使他们尽快成长起来，为高校健美操教学的发展贡献自身的力量。

3. 专业能力

具有健美操专业知识的教师才能在高校健美操教学中准确把握健美操教学要点，科学地进行教学。但是在高校健美操教学师资中，存在非健美操专业毕业的教师，而且非健美操专业毕业的教师比健美操专业毕业的教师所占的比例还要大。这说明我国高校健美操教学师资的专业结构不合理，专业水平较低。

4. 科研能力

科研能力也是高校健美操教学师资水平的重要内容。我国的高校健美操运动教学师资普遍存在科研能力较低的现象，这与我国高校健美操教学师资的整体状况有关。我国高校健美操教学师资队伍非常年轻，职称较低，缺乏健美操教学的经验，有的甚至缺乏扎实的健美操专业知识，因此表现出科研能力低的劣势。科研能力的低下，导致高校健美操教学科研工作的进展较慢，高校健美操教学也就难以有所创新和发展，长此以往，便会对我国高校健美操运动水平的提高产生极为不利的影响。因此，我国的健美操水平的不断提高，必须提高高校健美操教学师资的科研水平，这就需要健美操教学的老前辈对年轻的后辈多进行指导和经验传授，另外，学校要多组织教师进修活动，为高校健美操教学师资提高自身水平提供途径和机会，促进高校健美操科研工作的开展。

5. 积极性

高校健美操教学师资也存在积极性不高的问题，其原因主要包括两点。首先，高校对健美操教学的重视程度不高，健美操教师进修的机会较少，同时，高校中健美操的场地和器材较少，打击了教师的积极性；其次，随着经济的发展，人们的收入水平存在一定的差距并有拉大的趋势，社会上大众健美操比较流行，与高校教师的收入相比，健美操教练的待遇更好，因此，一些高校健美操教师倾向于在健身中心或俱乐部兼职，在高校的工作热情下降，这也会对高校健美操运动教学产生不利影响。

从上述情况来看，我国高校健美操教学师资队伍既有优势，也有劣势，因此为了促进高校健美操教学的发展，必须发挥师资队伍的优势，积极提高师资队伍的整体素质和业务水平，建立科学合理的高校健美操教学师资结构。

（五）学生学习健美操现状

在高校健美操运动教学中，教师起主导作用，学生则是教学的主体。高校健美操运动教学的任务和目的就是让学生掌握健美操的基本知识和动作要领，能够熟练地进行健美操锻炼。辩证唯物主义认为内因对事物的发展起决定性作用，因此，在健美操教学中学生的自身情况决定着其对健美操的掌握情况。

介绍高校健美操运动教学中的学生的现状，从分析学生对健美操的兴趣开始。总体来说参加健美操运动学习的学生都对健美操运动表现出较大的兴趣，有较强的学习欲望。从性别来说，女生占据绝对性优势，同高校健美操运动教学师资一样，进行健美操学习的学生也呈现出较大的性别差异。通过研究分析高校学生喜爱健美操的原因中可以看出，健身美体是高校学生参加健美操锻炼的首要目的，健美操锻炼满足了学生增强体质和健美形体的需要。提高审美品位和情趣也是学生喜爱健美操运动的一大原因。通过参加健美操运动，学生满足了自己的爱好，同时使课余文化生活变得充实，学生之间的关系也更加亲密。参加健美操学习的学生表现出的性别差异则与男女学生的需求和思想有关。健美操具有较好的形体锻炼效果，而女生比男生对形体美的需求更盛，因此，有大量的女生喜爱健美操运动，以求获得良好的塑身健美效果。而对男生来说，以往的思想将健美操等同于舞蹈，认为进行练习会有损阳刚之气，同时，健美操的练习难度大、要求高且不易掌握，男生学习的耐心不强，因此导致练习者寥寥无几。但是，目前进行健美操学习的男学生的数量有上升趋势，这与男生对健美操认识的改观有直接关系。参加健美操运动学习的学生都表现出浓郁的兴趣，希望通过健美操学习提高身体素质，达到健美形体的效果。但是学生在学习中出现了诸多问题，如学生的健美操基础知识缺乏、身体素质较差、动作技术表现不规范、自主锻炼的意识不强、对健美操知识的掌握有所局限等，这是高校健美操运动的学生现状。因此，为了实现教学目标，必须对学生进行认真的指导，提高教学质量，发挥学生自身的主体性和积极性，提高学生的学习水平。

（六）健美操教学硬件的现状

高校健美操运动教学硬件是高校健美操运动教学得以进行的物质基础，健全完善的教学硬件，可以提高学生参与健美操学习的主动性和积极性，也可以使健美操教学获得较好的效果。目前，我国的高校在不断发展中，大部分高校的体育教学设施比较齐全，尤其是体育院校，健美操教学的设备更加完善，有利于健美操教学的顺利进行。但是由于我国地域辽阔，各地区的经济发展水平存在差异，同时，各高校对健美操运动的重视程度有所不同，所以，各地的高校对健美操设施建设的投入有多有少，这样不免会出现一些学校设施简陋、教学设备落后的情况，使健美操教学难以完成，从而影响健美操运动水平的提高。因此，在这种情况下，一是要大力发展经济，为健美操教学的硬件改善提供经济基础；二是各高校应该转变观念，提高对健美操的重视程度，加大对健美操教学的投入。

第四节　高校健美操课程的开展现状

20世纪80年代健美操进入大学校园以来，健美操已经被许多高校列入教学大纲，使健美操成为一项重要的教学内容。高校健美操课程，经历多年的发展，既取得了一些成就，也出现了一些问题，需要我们加以重视。

一、高校健美操课程普遍开设，各高校发展不平衡

从研究和调查数据得知，全国大部分高校都已经开设了健美操课程。健

美操虽说是一项年轻的运动，但已得到人们广泛的认可，很多学校还有自已的健美操长训代表队，每年参加地方或国家、国际的竞技健美操比赛，不少专家学者也对健美操运动进行了大量的研究。同时要看到各高校健美操课程的发展水平并不平衡。有的学校由于具有较好的硬件设施和师资，健美操成为该校重点的体育课程，发展得十分迅速，整体教学水平较高。而有的学校却因环境、场地的设施、资金投入等问题，并没有很好的开展健美操课程，甚至根本没有相关课程。

二、高校健美操课程普遍受学生欢迎，但是学生需求不均衡

一门体育项目课程在大学是否开展顺利，最重要的是看学生对这项体育运动的喜爱程度、参与程度。据调查数据，大多数的大学生并不排斥健美操这门课程，很多学生也表示很喜欢这项体育运动，这也是我国大力推进健美操运动的一个成果。但从健美操课程教学的最终结果来看，呈现两方面的特点：一方面，男生和女生的需求不同。从健美操的特点来看，健美操有高度的节奏感和艺术性的特点，能塑造形体美，非常符合女生的生理和心理上的发育特点，因此得到很多女生的喜爱和欢迎，女生对健美操运动的参与主动性要远高于男性。在传统上，我国高校的健美操课程大部分是面向女生的，教师也大部分是女性，专门为男生开设健美操课程的还不多。从男生的角度来看，他们更喜欢竞技性强、运动量较大的运动，对健美操课程的兴趣不大。另一方面，学生对健美操课的内容需求也不均衡。现在高校健美操课的内容比较丰富，包括竞技健美操、大众等级健美操、自编健美操、拉丁健美操、瑜伽健美操、搏击健美操以及一些辅助性的教学内容等。从调查数据可以看出，大部分学生对比较新颖的、有时代感的和带有趣味性的健美操感兴趣，比如瑜伽健美操、啦啦健美操等，而对一些形式单一、缺乏趣味性的辅助性教学内容不太感兴趣。

三、健美操课程教学效果较好，整体教学水平有待改善

据调查数据显示，大部分的健美操教师接受过有关的培训，能对健美

操有比较正确和完整的认识，能根据实际情况进行教材的整理和编选，也能顺利和较为圆满地完成教学任务，学生的认可度也比较高，因而整体教学效果较好，使健美操课程能顺利进行下去。但教学效果好，并不意味着教学水平已经达到了高水平，在实际课程教学过程中，还有一些急切需要解决的问题。从教授健美操的教师水平来看，大部分教师都具有相关专业的背景，但还有很多教师并没有进行过专门的、正规的和系统的健美操学习，有的只接受过简单的培训，有的不精通理论，有的只了解并掌握一些简单的健美操理论知识和技术。健美操课程要想在高校得到很好的开展，具有健美操的全面技术、系统的理论知识的专业教师是必不可少的条件。从教材的选用情况来看，有的高校使用全国统编教材，也有使用体育学院系统编写的教材，还有使用自己学校自编教材及讲义，教材不统一。这种教材不统一、不规范的选用现象很大程度上影响了学生学习健美操课程的深度和广度。从教学结果考核和评价方式来看，大部分高校在考查过程中停留在只是对健美操的动作技能上的考察，却忽视了对学生的身体素质和理论方面的测试。另外考试形式也比较单一化，主要对体操动作好坏进行评价，这样会打击学生的学习积极性，做不到全面地检查和评定学生的学习效果。

第五节 相关概念界定

一、体育教育专业

体育教育专业是为培养具备系统地掌握体育教育的基本理论、基本知识和基本技能，掌握学校体育教育工作规律，具有较强的实践能力，在全面发展的基础上有所专长，能从事体育教学、课外体育活动、课余体育训练和竞赛工作，并能从事学校体育科学研究、学校体育管理、社会体育指导等工作的高级专门人才而设置的学科专业。

二、教学内容

教学内容是学与教相互作用过程中有意传递的主要信息，是教师教授和学生学习的主要对象，对学生技能形成、智力发展产生重要的影响。当下正值新课程改革，基于生成性教学思维理念，人们对于教学内容有了新的认识。我国现在把规定教学内容的文件称作教学计划、教学大纲和教科书，它们是教学内容的具体化。本书中所研究的教学内容主要是浙江省高校体育教育专业健美操专修课按照一定培养目标和教学大纲，组织实施教学过程中传递的信息，包括教材、课程、评价体系等内容 。

三、优化

苏联著名教育家、教学论专家尤里·康斯坦丁诺夫·巴班斯基提出“最优化”一词，是指在现有的条件下，根据当时的实际可能性，按照一定的准则来衡量是最好的。教学教育过程最优化理论是巴班斯基教育活动、教育思想和成就的集中代表，其中指出了对教学内容优化的六个标准：①教学内容的完整性标准；②教学内容的组成部分的科学价值和实践价值标准；③教学内容符合学生该年龄学习的可能性标准；④教学内容符合用于学习该教材的法定时间的标准；⑤教学内容符合该方面的国际经验的标准；⑥教学内容符合当前教师教学的实际可能性和学校现有的教学条件的标准。巴班斯基还指出，考虑这些标准并尊重它们的先后顺序，教师就可以将教学内容中最基本和主要的成分划分出来，并使其具体化，有助于消除那些引起学生负担过重、过于复杂和次要的成分，使学生的注意力集中到主要成分上。综上所述，“最优化”就是从具体条件出发，确定效果和时耗的双重质量指标，选定最佳方案，根据实施中的反馈信息及时调整活动进程，以期达到最大效益的工作方法系统。

第二章　高校健美操运动基础理论研究

第一节　健美操运动的基础知识

健美操是一项追求人体健与美的新兴体育运动项目。它从兴起到现在短短的几十年时间，以其自身所特有的价值和魅力风靡世界，深受亿万爱好者的喜爱，并成为我国大中学校体育教学和课外体育锻炼的重要内容。本章将重点对健美操的概念和健美操的起源与发展、健美操的分类、特点与锻炼价值以及健美操运动的发展趋势进行阐述。

一、健美操运动的起源与发展

健美操在世界上有着悠久的历史，早在古希腊时期人们就十分崇尚人体美，认为人体是世界上最和谐和完美的。古希腊人为了经商和应对战争，需要人们具备强健的身体和剽悍的性格。当时希腊人不管男女都喜欢赤身裸体，全身都涂抹上橄榄油，在烈日下锻炼健身和炫耀自己的身体。古希腊人认为，在世间万物中，唯有健美赤裸的人体才是最匀称、最和谐、最庄重、最有生气和最完美的。他们用赤裸的健美人体进行炫耀，以此慰藉神明，将健身看作至高无上的典雅活动。因此，古代奥运会上“裸体运动”曾风行一时。

自20世纪的60年代，最早是美国太空总署设计的阿洛别克（Aerobic）——为宇航员设计的体能训练，现代健美操出现萌芽。1968年，美国空军运动研究室的库珀博士提出了“Aerobics”——“有氧运动”或“有氧操”。他设计了一些动作并逐渐加上音乐伴奏和特定的服装，这是他在对美国空军士兵及NASA（美国太空总署）的宇航员所设计的体能训练项目。这一方法一出现便广泛流传，并被人们高度认可，人们纷纷效仿此运动健身方法。在1969年，杰姬·索伦森将体操与现代舞进行了融合，进而创编出健美操，并被人们广泛追捧。在20世纪70年代，在美国范围内，健美操得以快速发展。

美国在1985年的时候，第一次举行了阿洛别克健美操比赛。在面积为5㎡的场地上，来自美国各个地区的男女健美操运动员进行了表演，充分展现出他们充沛的体力与极大的热情，表演的时间一般在90~120秒，而表演的成套健美操类型包括男子单人健美操、女子单人健美操与女子三人健美操，这些健美操具有明显的力度、美观的造型、多样的变化与舒展流畅的动作，因而深受人们的喜爱。健美操比赛的主要内容包含四类规定动作，即：四次俯卧撑、四次高踢腿、四次仰卧起坐。其他的动作有：现代舞动作、大量的徒手操动作、简单的技巧性动作与民间舞蹈动作，例如，劈叉、前滚翻、前软翻等等。需要注意的是，这些动作的设计始终都是坚持对称性原则的，有着造型美观、设计巧妙的双重特征。在节奏较快的音乐的伴奏下进行表演，这些音乐的节奏通常是：144~156拍 / 10秒，将运动员的青春活力充分地展现出来。从此，美国每年都举办一次健美操锦标赛，促进了健美操向科学化发展。最近十几年，美国的健身性健美操与竞技性健美操始终领先于世界上的其他国家，对于世界健美操事业的发展起到了巨大的助力作用。

健美操不仅在美国，在欧洲、亚洲也很普及。健美操在亚洲不断发展，早在1982年10月3日，日本“国民体育大会”上，共计420名50岁以上老人表演了“健身体操”。1984年，首届远东健美操大赛在日本举行。1987年，日本倡导以健美操的方式消除多余体重，肌肉健美的男子在豪华的健身俱乐部里大显身手。随后，菲律宾、新加坡、韩国以及中国香港地区都陆续建了许多健美操活动中心和健身俱乐部，健美操迅速兴盛起来。

健美操在我国也并非是无源之水，无本之根。最早对身体训练进行介绍和记载的著作是《黄帝内经》，已有两千多年的历史。除此之外，我国的考古工作者也发现了有关我国古代人进行身体训练的史料，例如，在湖南长沙马王堆汉墓出土的帛卷中就有在站、蹲、坐等姿势下做屈伸、跳跃等动作的人物。这些人物的动作，与现代类似于现代健美操的运动中的基本动作有较高的相似性，这也是我国关于健美操起源的最早的较为形象的历史资料。东汉时期，著名的医学家华佗参考虎、鸟、鹿、熊、猿五种动物改编而成的五组动作，用于强身健体，其被称为“五禽戏”，可以说，“五禽戏”是我国早期具有一定民族特色的、成套的健美操动作。

20世纪30年代，我国就出版了有关健美操的图书《女子健身体操集》。这是一本以女性为对象的健美操锻炼图书，书中介绍了一些来自欧美的健美操套路动作，适合不同年龄段的女性进行锻炼。对于健美操锻炼的效果，该书不仅介绍了健美操运动的形式和价值，还配有许多图片。通过这些图片可以发现，当时的健美操动作已经与现代女子健美操动作具有一定的相似性。此书出版后，又推出了针对男性锻炼者的《男子健美操集》，其中有不少关于轻器械健美操运动的介绍。这些图书的出版也表明，在20世纪30年代，类似于现代健美操的运动在我国已经得到了一定的发展和传播。

总之，从西方到东方，健美操作为健与美的体育项目，受到越来越多人的青睐。人们开始将健美操作为自己的主要健身方式，由此形成了世界范围内的“健美操热”。

二、健美操运动的概念与分类

（一）健美操运动的概念

健美操运动作为一项新兴的体育运动项目，人们对健美操的认识和理解都有不同，对于健美操的概念也出现了不同说法。

近年来，一些健美操专家对健美操的定义提出了各自不同的看法。有些人认为，健美操主要是舞蹈和体操相结合，与流行的节奏音乐相适配，达到有氧训练目的的体操。即健美操是有氧运动的一种，在国外被称为“有氧体操”，它是在氧气供应充足的环境下，通过有氧呼吸的方式为身体提供能量的一种运动，其特点是持续一定时间的、中低强度的运动。健美操主要发展身体的协调性和柔韧性，锻炼练习者的心肺功能，是进行有氧耐力训练的一种有效方式，并且它是以健身美体为主要特点的运动项目。通过健美操以上的特点，并结合专家的观点，可以把健美操定义为：融体操、音乐、舞蹈的美于一体，通过徒手、手持轻器械和用专门器械的操作练习达到健身、健美和健心的一种新兴娱乐型、观赏型体育运动项目。健美操具有竞技性、健身性、娱乐性和观赏性价值，是人们现代文明生活的重要组成部分。

（二）健美操的分类

现代健美操的英文名为“Aerobics”，又可译为有氧运动，是主要以身体锻炼为基本方式，以有氧运动为基础，根据人体解剖、生理特点和要求，遵循身体协调发展的原则，将体操和舞蹈融入一体，在音乐伴奏下体现“健、力、美”特征的运动项目。它不仅是大众娱乐健身的方式，又是一种竞技运动的项目。随着现代社会物质文明和精神文明的不断提高，人们越来越重视健康投资，提高生活质量，花钱买健康的观念不断增强。由于这种观念上的变化，使得健美操运动在我国越来越受到人们的喜欢和推崇。它是现代社会生活、艺术、社会交往等的完美结合，也是一种健康的时尚。目前，健美操种类繁多，分类方法也各不相同。根据健美操运动的目的、任务和发展实际情况，可以将其分为健身健美操、竞技性健美操和表演性健美操三大类。

1. 健身性健美操

健身性健美操简称为“健身健美操”，又称作为大众健美操，它是一种有氧运动，是可以健身、娱乐、预防疾病，是群众性、普及性的一项健身运动。健身健美操练习的主要目的是健身美体，增进健康。因此，健身健美操的动作不仅简单而且活泼，且具有实用性。其节奏性强，音乐欢快，动作的强度和难度不是很高，可控性强。另外，健身健美操的开展不受时间、场地设备和室内外环境的限制，也不受参与者年龄，性别，职业的限制，任何人都可以参加学习和锻炼。健身健美操常采用徒手练习的方式，但有时也会持较轻的器械进行练习。

近年来，随着健身运动的蓬勃发展，人们对健身的理解更为深刻，对健身的需求也更加地多样化和个性化，因而出现了许多新的健身健美操形式，如拉丁健美操、搏击健美操、瑜伽健美操、街舞等。

2. 竞技性健美操

竞技性健美操简称为“竞技健美操”。是在健身性健美操的基础上产生和发展起来的。竞技健美操是根据竞赛规则与技术规程的要求，创编出的具有较高艺术性、展示运动员高水平专项技术能力的成套动作，以在比赛中取得优异成绩为主要目的的健美操。目前，国际体操联合会健美操委员会给竞技健美操定义是竞技健美操是在音乐伴奏下，表现连续复杂的和高强度动作的运动项目，该项目起源于传统的有氧健身运动，要编排连续的组合动作，并结合使用七种基本的舞步，需要体现出身体的力量、柔韧度，结合高难度动作，并高质量地完成。因此，竞技健美操对运动员的身体素质、心肺功能、技术技能和艺术表现能力等均有较高的要求，在参赛人数、比赛场地、参赛服装和成套动作的完成时间等方面都有严格的规则。竞技健美操一般较适合青年人。目前，我国大型竞技健美操比赛有全国健美操锦标赛、冠军赛、联赛、全国大学生健美操锦标赛等。比赛的项目，同目前国际体操联合会举办的健美操世界锦标赛所设的正式比赛相同，为女子单人、男子单人、混合双人、三人、集体五人、有氧舞蹈和有氧踏板七个项目。

3. 表演性健美操

在我国除了健身健美操和竞技健美操之外，还有一种表演性健美操，简称为“表演健美操”。健美操运动具有一定的表演性和艺术价值。表演性健美操即在健美操中加入表演成分，借助道具、舞蹈动作等，使健美操的形式得到极大的丰富。表演性健美操通常是团体表演，因此，对于表演者来说，不仅自身要具备良好的身体素质和表演能力，还要具有一定的团队合作意识。表演性健美操具有人数不限、时间不限等特点。通过练习能够达到表演的目的，具体来说，就是通过表演展示健美操的魅力、活力和价值使观众在观赏中陶冶身心，净化心灵，提高欣赏能力，同时起到宣传和推广健美操的作用。表演性健美操对表演的效果较为重视，相较于其他两大类的健美操，表演性健美操的动作比健身性健美操动作的难度大而比竞技性健美操动作的难度小，对动作风格及表现与音乐风格的协调统一更加重视，因此其音乐往往重新制作或进行修改以达到表演要求。

表演性健美操成套动作的创编侧重于艺术性和观赏性，它在给人以艺术享受的同时，也使人们充分感受健康、活力、自信，同时因其不受人数、时间、服装、规则、形式等条件的限制，表现较为灵活自由，是一种人们喜爱的、积极向上的并与艺术紧密结合的表演形式。表演性健美操完成设计的整套动作的时长为2—5分钟。动作内容可依照表演者个人的特点及风格进行选定。表演性健美操最常用的形式有传统健美操、有氧拉丁操、有氧搏击操、健身街舞、踏板操、健身球操等。相较于健身性健美操，表演性健美操的动作更加复杂，音乐速度可按照内容进行有针对性地选择。一般来说，表演性健身操成套动作较少重复，队形变化迅速而清晰，集体配合动作新颖独特，可以达到烘托气氛、感染观众、增加表演效果的目的，这对于最佳表演效果的取得也是非常有帮助的。表演过程中还可以使用轻器械，例如花环、彩旗、彩球、扇子等，也可以采用一些流行化、个性化的舞蹈动作，如爵士舞，拉丁舞等。在表演性健美操中，以上的元素都必须通过表演者的身体语言、表情及眼神表现出来，所以表演性健美操更强调表演者的表现力。表现力是表演者将编者思想、刚柔相间的肢体语言、音乐的情绪和节奏及同伴之间的默契相融合的一种综合运用能力，这种综合表现力可达到烘托气氛、感染观众，增加表演效果的目的。

三、健美操运动的作用、功能及特点

（一）健美操的作用及功能

健美操锻炼具有促进人的身心健康、形体健美、素质提高等作用。

1. 增强体魄，促进健康的功能

健美操锻炼最首要的作用是能增强体质，增进健康。从某种意义上说，健康是人体美最基础、最本质的表现，也可以说健康就是美。健美操是通过它特有的练习内容和练习方法，来达到增强体质、提高身体素质、促进人体健康的目的。首先，健美操运动锻炼人体的各个大小肌肉群、使肌肉的力量加强，肌纤维变粗，变得坚韧有力，可以有效地增强肌腱、韧带等结缔组织的弹性，并提高关节的柔韧性和灵活性。其次，经常参与健美操运动，可对人体的消化系统、呼吸系统、心血管系统以及其他内脏器官的功能有着良好的影响。它可以使心肌纤维逐渐变粗，心肌增厚，收缩力增强，心血输出量增加，提高心脏的供血能力；它可使呼吸变得有力，呼吸加深，呼吸频率减少，吸氧量增大，从而大大提高肌体的有氧代谢能力。再次，健美操能够让人体各个部位得到全方位运动，加强了胃肠蠕动能力，增加消化液分泌，从而增强消化机能，增进健康。总之，健美操运动能使锻炼者具有强有力的肌肉、更好的心肺功能及柔韧性和协调性。可以说，健美操是目前促进人体全面发展的较为理想的健身运动。

2. 塑造健美形体的功能

健美操是以塑造健美形体为主要目的，所以大多数人为了追求形体美而选择了健美操运动。

塑造形体主要包括两个方面，即体态和体型。体态主要是指身体各部位所表现出来的外部形态；体型主要是指整个身体的形状，即整个身体从头到脚各部位之间的比例及各肌肉群曲线的大小。

在塑造体态方面，健身性健美操在站立姿态中的要求是：头正要直、两眼平视、下颌微收、两肩下沉、挺胸、收腹、立腰等。通过这样的要求，就能很好地改善人们在日常生活和工作中造成的脊柱弯曲、驼背含胸等不良的形态，从而让人表现出一种良好的气质，给人以朝气蓬勃、健康向上的感觉。在塑造体型方面，健身性健美操既可以塑造肌肉的围度，还可以雕琢人体的曲线。健身性健美操通过增粗身体上的肌纤维，增强肌肉力量，使肌肉体积变大，给人以“力”的美。此外，健美操练习能够消耗体内多余的脂肪，有益于肌肉、骨骼、关节匀称和谐发展，从而达到改善不良身体形态、形成完美体态的目的。例如：腰腹部健美操、髋部健美操有助于减少这些部位堆积的脂肪，使人体变得匀称健美。

因此，通过长时间进行健美操锻炼，可以让身体状态得到改善，形成大方端庄的体态，能让人在平时生活中表现出一种很好的气质与修养，给人以蓬勃向上、阳光健康感觉。

3. 调节身心、娱乐身心的功能

随着现代科学技术的发展，很多人在享受着新科技给人们带来的便捷生活，同时遭受着巨大的精神压力，导致引发出心理疾患。研究表明，长期的精神压力不仅会引起各种心理疾病，而且还会因为这些精神压力而产生许多躯体疾病，如高血压、心脏病、癌症等。健美操运动是以其优美协调的动作、全身锻炼为特点的体育项目，可缓解精神上的压力，预防各种心理上和身体上的疾病。在动作优美、身心轻松的健美操锻炼中，参与者可以排除心理上的紧张与烦恼，享受到健美操带来的无限欢乐。另外，健美操是一种群体运动，大家在一起锻炼，经常与其他健美操爱好者共同练习，增强了人们的社会交往。群体共同欢乐，互相鼓励，能使人变得有活力，从而获得健康的心理状态，并增强群体意识，增进友谊，使人们的生活气氛更加愉快。

4. 提高神经系统机能和身体素质的功能

人体中枢神经系统是支配着人体整个运动过程的，而健美操运动就是在它的支配、调节下进行的。因此，健美操运动可以改善人体的中枢神经系统的机能，它有利于提高人的注意力，会让人开阔视野，增强分析综合能力，从而提高人体各器官系统的活力，保证人体与外界环境的协调和统一。同时，健身健美操运动一般持续时间较长，相对于竞技健美操，难度较低，爱好者的参与度更高。因此无论是健身健美操还是竞技健美操都对培养人的耐力和克服疲劳的意志力也有很大的帮助。

身体基本素质包括力量、速度、耐力、灵敏、柔韧和协调，健美操运动对提高身体素质起着积极的作用。例如：健美操运动前的准备活动，如压腿等热身活动，以及运动时各种伸展性动作，都使肌肉处于充分拉伸或收缩的状态，能够提高肌肉、肌腱的弹性。健美操运动的一系列动作是上肢，下肢及躯干协调完成的，要求动作优美、舒适，协调一致，因此对提高身体的协调性具有积极的作用。

5. 医疗保健的功能

健美操运动不仅是科学合理的健身形式，还是医疗保健的手段。健身健美操是一项很好的有氧运动，它的特点是运动强度弱、有节奏感，持续时间长、运动量大小可控制，还可以促进有氧代谢。例如：孕妇可以进行水中有氧操运动练习，也可在床上采用卧姿的形式进行练习。下肢瘫痪的病人可在地上或椅子上进行练习，一方面防止下肢机能进一步衰退，同时能使上肢和躯干得到较好的锻炼。

（二）健美操的特点研究

健美操是体育与艺术结合而生的。其突出的特点大致归纳为以下几个方面：

1. 健与美的统一性

健美操是既要求“健”，又要求“美”的运动项目，是在增进健康、增强体质的基础上，把形体美、姿态美、动作美、气质和风度美有机地结合起来的运动项目。练习者可通过健美操的一系列组合的基本动作，达到塑体的效果，良好的人体姿态能反映一个人的积极向上的精神面貌，从而使练习者对美的认识得到进一步的提高，从而达到内外兼修的目的。

2. 不断的创新性

健美操要求成套动作必须展示创造性，即不论是动作、多度连接、队形变换还是动力性配合等任何一个环节，必须具有原创性，否则就不能成为优秀的成套动作。所以教练员和运动员必须编排出符合运动员自身特点的典型成套动作，否则健美操将会失去生命力。健美操运动的创新性主要表现在完成动作的技术风格和质量、动作的组合形式、成套动作的编排、集体动作的配合、队形的变化、音乐的选配、健美操器械以及教学方法手段等不断推陈出新。健美操运动的不断创新，是健美操长盛不衰的根基。

随着健美操运动的发展和竞技水平的提高，难度高、套路新、节奏鲜明是健美操运动的发展趋势和方向。

3. 力是健美操的一个重要特点

健美操动作中力的表现，与体操相比较，少些呆板、机械，而趋于自由、自然；与舞蹈相比较，少了一些柔美、浪漫，而趋于欢快、有力。健美操动作表现出的力更为刚劲，积极快速，充满着生命的活力，给人以一种既流畅又强健敏捷的美感。健美操的运动的力一般还表现在音乐节奏强劲、旋律优美上，它能在短暂的时间里烘托气氛和调动人们的激情，与刚劲有力的动作结合，能充分展现健美操的力与美，让人激情洋溢、活力无穷。所以，健美操表现出的力量也是较高层次上的美。

4. 强烈的节奏感和韵律感

健美操是在节奏欢快、强烈而奔放的配乐下进行的。其特点就是节奏感和韵律感强。几种主要的健美操节奏有音乐节奏（包括音乐节拍等）、运动节奏（包括力度、步幅、步频等）、生理节奏（包括呼吸节奏、心率节奏等）、时空节奏（包括空间节奏、时间节奏等）、色彩节奏（服装、灯光等）。节奏感来源于音乐，它是健美操运动非常重要的组成部分，健美操的主要音乐取材于迪斯科、爵士、摇滚等现代音乐和一些民族乐曲，它根据音乐的高低、长短、强弱、快慢等变化，使练习者很快进入意境，随乐而舞，充分发挥自己的想象力，尽情展现身体运动的艺术美，从而达到调节情绪、缓解疲劳、陶冶情操和提高协调性、节奏感、韵律感和表现力的目的。健美操运动更有一种鲜明的时代气息，而且音乐也有烘托氛围、激发人们情绪的作用。

5. 广泛的群众性

健美操内容丰富，运动量可以灵活调控，它多以徒手形式进行锻炼，并且不受气候的影响，不受时间、场地、器械和室内外的限制，比较容易开展。参与者能够根据运动负荷和难度以及自身爱好选择参加锻炼，各种人群都能找到适合自己的练习方式。例如：对于中老年人来说，一般可选择音乐节奏感弱、强度低的健美操练习，达到锻炼身体、娱乐身心、增进健康的目的；而对于精力旺盛的年轻人来说，可选择节奏感较强、难度较大、运动量较大的竞技健美操进行练习，以达到增强体质和提高技术水平的目的。

因此，健美操是男女老幼所喜爱的一项运动，它具有广泛的群众性。

第二节　健美操基本术语和动作优化与创新

健美操基本术语用来对动作的方向、路线、节奏、方法和相互关系进行说明的。健美操是作为新兴体育项目，发展历史只有短短的几十年时间，虽然健美操目前发展速度很快，但在健美操术语的使用上尚存在着不规范的现象，这必然会给教学和训练造成一定困难。因此，统一规范并正确地使用健美操术语，有利于健美操教学与训练的展开，有利于参与者相互间的交流，对促进本项目的技术发展和理论体系的完善有着极为重要的意义。健美操术语是随着健美操的发展而不断丰富和完善的，健美操的动作很多，术语也很多。下面列举若干基本术语，对一些主要的、常用的术语进行分析。

一、规范肢体动作方法的术语

健美操的一切动作都是通过身体各部位的动作来完成的。为了便于识别肢体动作的名称及各种术语，首先应了解人体各部位的解剖名称及其所在位置，如图3-1-1所示。

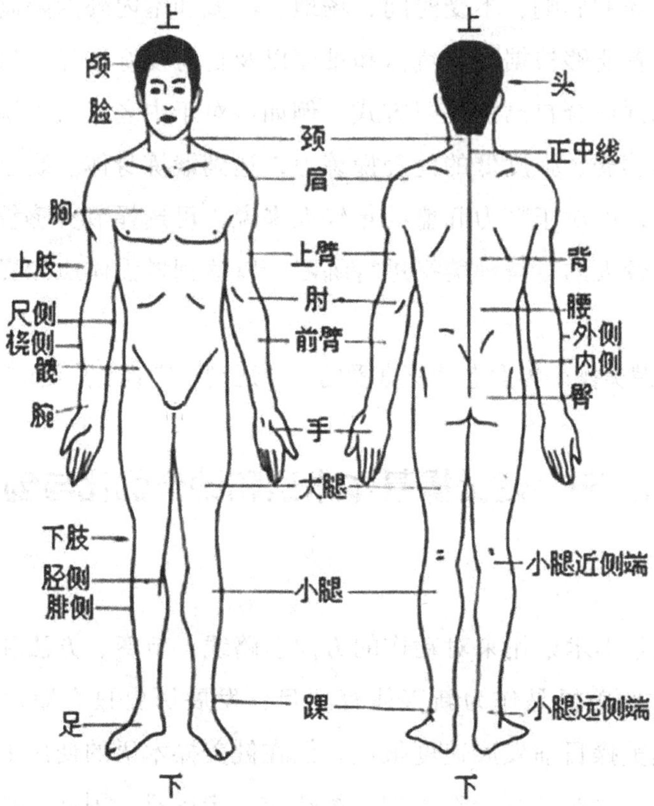

图 3-1-1　人体解剖示意图和肢体名称

健美操运动形式术语，主要用来对动作形式或者是技术要求进行描述。下面是一些比较常见的健美操运动形式术语。

（1）举：所谓的举，主要指的是向上抬起手臂或者腿部，并且在一定的位置停留。例如：上举上臂，腿上举等等。

（2）屈：所谓的屈，主要指的是某一个身体部位呈现一定的角度。例如：屈肘、屈腕。

（3）伸：所谓的伸，主要指的是每一个身体呈现出一定的角度以后伸直。例如：侧伸、伸臂等等。

（4）摆：所谓的摆，主要指的是在某一个平面内，肢体从一个部位向另一个部位移动，且活动范围在180° 以内。例如：后摆、摆臂等等。

（5）绕：所谓的绕，主要指的是某一个身体部分转动或者进行超过180°

的摆，需要注意的是，超过360° 的摆叫作绕环。例如：肩绕环、绕髋等等。

（6）踢：所谓的踢，主要指的是腿部从低处向高处做出有力的加速摆动动作。例如：弹踢、剪踢等等。

（7）撑：所谓的撑，主要指的是某一个身体部分与手同时与地面接触的姿势。例如：跪撑、仰撑等等。

（8）交叉：所谓的交叉，主要指的是肢体上下或者前后呈一定角度的交叠。例如：十指交叉、交叉步等等。

（9）转体：所谓的转体，主要指的是围绕身体纵轴进行转动的动作。例如：水平转体、单脚转体等等。

（10）平衡：所谓的平衡，主要指的是在地面上支撑一只脚，保持身体的一定静止姿势。

（11）水平：所谓的水平，主要指的是身体与地面之间保持平行的一种静止动作。例如：水平肘撑、分腿水平等等。

（12）波浪：所谓的波浪，主要指的是某一个身体部分相近的关节在一定的顺序下做出柔和的屈伸动作。例如：身体波浪、手臂波浪等等。

（13）跳跃：所谓的跳跃，主要指的是两只脚离开地面，腾空身体，同时保持一定的姿势。例如：开合跳、团身跳等等。

（14）劈叉：所谓的劈叉，主要指的是分开两条腿并保持直线贴地的姿势。例如：横叉、纵叉等等。

（15）梗：所谓的梗，主要指的是内收下颌、伸直颈部的动作。例如：梗头。

（16）提：所谓的提，主要指的是从下向上的进行运动。例如：提肩、提臀等等。

（17）沉：所谓的沉，主要指的是某一个身体部分做出的方式下降动作。例如：沉气、沉肩等等。

（18）含：所谓的含，主要指的是外开两肩胛骨，内收胸部。例如：含胸。

（19）挺：所谓的挺，主要指的是腹部或者胸部展开向前。例如：挺腹、挺胸等等。

（20）振：所谓的振，主要指的是某一个身体部分加速摆或者弹性屈伸。例如：振胸、振臂等等。

（21）夹：所谓的夹，主要指的是从两侧开始收紧向中间。例如：夹肘、夹肩等等。

（22）收：所谓的“收”，主要指向身体正中线靠拢或还原到起始位置。例如：收臀、收腿。

（23）推：所谓的“推”，主要指以手作用于地面或对抗性用力。例如：推起、前推。

（24）倒：所谓的倒，主要指的是身体或者肩部从高到低的做弧形运动。例如：前倒、倒肩等等。

（25）蹬：所谓的蹬，主要指的是腿部从屈髋屈膝开始至伸直发力的一个过程。例如：蹬地、侧蹬等等。

（26）倾：所谓的倾，主要指的是身体同地面之间呈现一定的角度。例如：左倾、前倾等等。

（27）控：所谓的控，主要指的是在一定的高度上抬或举身体或肢体，同时保持一定的时间。例如：控腿、控水平等等。

二、健美操基本动作优化

健美操基本动作是健美操的核心，是最具有代表性、典型性的动作，是根据身体的各部位而确定的，各种动作都是在此基础上产生和发展的。健美操所有成套组合动作都是以它为基本元素进行编排的，如果我们将健美操中的基本动作，按照需求进行不同的编排和组合，就能出现不同难易、不同强度、不同风格以及不同视觉效果的健美操的动作组合。

健美操的基本动作也是健美操教学和健身锻炼的基础。通过基本动作的练习，练习者可以掌握正确的动作规格、力度，幅度等，使练习者尽快建立正确的动作技术概念，同时达到健美形体、培养良好的姿态之目的。初学者在参加健美操锻炼伊始，一定要扎实地练好健美操基本动作，学会如何用力，体会动作的内在感觉，掌握健美操动作的特有风格，这对练习者取得良好的锻炼效果及日后在健美操方面的发展提高是十分重要的。

健美操基本步伐是指在特定音乐伴奏下的脚步运动方法，包括下肢的各种走、跑、跳及舞步。基本步伐根据人体做运动时，对地面所上产生的冲击力的大小分为三类：无冲击力动作、低冲击力动作、高冲击力动作。而根据动作完成形式的不同，又可将基本步伐分为五类：

（1）交替类：所谓的交替类步伐，两脚始终着地且在两脚之间进行交替动作。

（2）迈步类：是指一条腿向外迈出一步，然后将重心转到这条腿上，将另一条腿使脚尖和脚跟点地或吸腿、屈腿、踢腿等，然后向另一个方向迈步的动作。

（3）点地类：指一脚作为支撑点，用另一只脚尖或脚跟点地后还原到并腿位置的动作。

（4）抬腿类：指一腿直立，另一腿抬起的动作。

（5）双腿类：指双腿直立，身体重心在两腿之间的动作。在交替类和迈步类中均有其原始的动作形式，在教初级课时应从原始动作形式开始。以下所介绍的动作均为最常用的基本动作，可以在此基础上发展，创编出具有自身风格的独特动作。

类别	原始动作形式	低冲击力形式	高冲击力形式	无冲击力形式
交替类	踏步	踏步 走步 一字步 “V”字步 漫步	跑步	
迈步类	侧并步	并步 迈步点地 迈步后屈腿 侧交叉步	并步跑 小马跳 迈步吸腿跳 迈步后屈腿跳 侧交叉步跳	

续表

类别	原始动作形式	低冲击力形式	高冲击力形式	无冲击力形式
点地类	点地	脚尖点地 脚跟点地		
抬腿类	抬腿	吸腿 摆腿 踢腿	吸腿跳 摆腿跳 弹踢腿跳 踢腿跳 后踢腿跳	
双腿类			并腿跳 分腿跳 开合腿	半蹲 弓步 提踵

第三节　健美操在高校中开展的意义的研究

一、高校健美操运动的生理学基础

（一）健美操运动的物质代谢

1. 糖代谢

在介绍健美操运动中糖的代谢过程之前，需要先对糖进行一定的了解。糖作为人体组织细胞中一种重要的组成成分，对人体具有非常关键的作用。糖能提供人体所需能量的70%，是运动员所需能量的重要来源。除此之外，由于糖在氧化过程中所需的氧比脂肪和蛋白质更少，因此，也是肌肉和脑细胞活动过程中的首选和最经济的功能物质。在健美操运动中，糖会根据运动负荷的不同，在体内产生不同的变化，糖的代谢与运动负荷有关。

（1）糖的代谢过程。

人体内糖的储存形式为糖原，其在人体内的代谢过程可分为糖原的合成和糖原的分解两部分。糖原的合成过程可分为三个步骤：首先，人体内的糖在消化酶的作用下被转化为易被吸收的葡萄糖分子；然后，葡萄糖分子在葡萄糖运载蛋白的帮助下进入血液中，成为血糖；最后，血糖进一步合成为大分子的糖原。糖原的类别有很多，人体内的糖原大部分以肝糖原和肌糖原的形式存在，肝糖原是在肝脏中合成并储存的，肌糖原是在肌肉中合成并储存的。糖原的合成所需的原料除葡萄糖外，还包括一些非糖物质，如人体内的乳酸、丙氨酸、甘油等，这些非糖物质在肝脏的作用下，转变为葡萄糖或糖原，这一过程被称为糖的异生作用。

糖在人体内的主要的分解途径有三种：糖酵解（糖的无氧氧化）、柠檬酸循环（糖的有氧氧化）以及磷酸戊糖途径。在无氧条件下，葡萄糖经糖酵解生成丙酮酸，然后经乳酸发酵生成乳酸；在有氧的环境中，葡萄糖经过糖酵解生成丙酮酸，丙酮酸在线粒体内生成乙酰辅酶A，乙酰辅酶A再经过三羧酸循环最后生成二氧化碳和水；在磷酸戊糖途径中也有二氧化碳和水的产生。以上三种分解途径中，第一种和第二种的过程中有能量的产生，在第三种途径中则没有。

（2）健美操运动对血糖的影响。

健美操运动对人的血糖变化是有一定影响的，但是否发生变化和变化的大小则由进行健美操运动时间的长短以及从事健美操运动的类别决定。一般来说，偶尔进行健美操运动的人和正常人的血糖浓度并没有什么不同，始终围绕在3.9~5.9毫摩尔/升的范围内。但长时间进行健美操运动会使血糖浓度下降，这是因为在长时间运动的过程中会消耗大量的葡萄糖。而不同类别的健美操运动之所以会影响血糖浓度，主要是因为训练内容和训练强度的不同会引起神经系统兴奋程度的不同。以竞技健美操为例，竞技健美操在所有健美操项目中是强度最大、运动负荷最大、引起兴奋性最高的项目，在进行竞技健美操的同时，肝糖原不断分解，但由于这项运动的用时较短，强度又太高，导致肝糖原分解的量远远超过消耗葡萄糖的量，因此，血糖水平会比运动前有所升高。

（3）健美操运动中的补糖时间。

健美操运动是一项耗糖量相对较高的运动项目，尤其是竞技健美操，运动强度和运动量都非常大，因此，要在运动前和运动中进行适量的补糖。为了使运动效果有明显的提高，需要结合健美操运动中糖代谢的规律进行科学合理的补糖，其中补糖的时间非常重要。补糖的最佳时机是运动前两小时，补糖与运动期间，所补充的糖分可以通过糖代谢释放一定的能量，也可以转化成肌糖原、肝糖原等满足血糖的供给需要，使练习者的血糖水平维持在一个较高的状态。另外，运动前一个小时内不适合服糖，如果轻易服糖会使练习者的血糖水平迅速上升，导致体内胰岛素大量分泌，胰岛素具有降低血糖的功能，这样一来，服糖不仅起不到补糖的作用，反而会使练习者出现运动型的低血糖，降低运动能力，破坏训练效果。

补糖的最佳时间是运动中，每半个小时一次，可以通过饮用一些低浓度的运动饮料来保持血糖水平。需要注意的是，千万不要服用高浓度的饮料，因为高浓度的饮料不能被吸收利用，延长了胃排空的时间，会影响运动效果。

2. 脂肪代谢

脂肪代谢是指人体内的脂肪在相关酶的作用下，进行消化吸收、合成分解并加工成机体所需物质的过程，脂肪代谢对维持人体正常生理机能有非常重要的意义。脂肪代谢的原料是脂肪，是人体中所需的一种很重要的营养元素，负责供给机体所需的能量，也是能量储存的主要形式。人体脂肪主要来源于外界的食物供给和人体自身的合成，大部分储存在皮下组织、腹部网膜以及内脏器官周围，具有保护内脏、维持体温的功能，并且它会随着新陈代谢而不断更新。健美操运动对人体脂肪含量的要求较高，因此要想更好地进行健美操运动，全面深入地了解脂肪代谢的过程是非常有必要的。

（1）脂肪的代谢过程。

这里所说的脂肪代谢过程指的是其分解代谢的过程，共分为三个阶段。

第一阶段：脂肪动员阶段。在这一阶段中，脂肪在脂肪酶的作用下会被分解，将脂肪分解成甘油和脂肪酸。

第二阶段：甘油和脂肪酸的氧化阶段。其中，在甘油的氧化过程中，甘油先在酶的催化作用下逐渐形成磷酸二羟丙酮，再经糖酵解或者有氧氧化进行供能，也可转变为糖脂肪酸与清蛋白结合转运人体各组织经 β－氧化供能。在脂肪酸的氧化过程中，有一种重要物质—脂酰 CoA 生成，它可以帮助代谢脂肪的中间产物，完成体内代谢脂肪过程。

第三阶段：乙酰CoA的彻底氧化阶段。在这一阶段中，乙酰CoA经三羧酸循环，最终氧化成二氧化碳和水，生成的二氧化碳经呼吸排出体外，水则通过汗液和尿液排出体外。

（2）健美操运动与脂肪代谢。

在一定时间内的有氧运动中，脂肪是人体主要的供能物质，并且其供能量的多少与时间的长短成正比。健美操运动可以有效地改善血液中的高密度脂蛋白胆固醇的量，来降低人体胆固醇，防止动脉粥样硬化，对人体非常有益。除此之外，坚持进行健美操运动，还能防止脂肪在体内的过度积累，具有减肥健美的功效。

3. 蛋白质代谢

蛋白质是构成人体生命的物质基础，它参与一切细胞和机体重要部分的组成，没有蛋白质生命体就无法正常运行下去。在代谢过程中，糖和脂肪是先进行代谢的物质，蛋白质在最后。人体中如果出现了过多的蛋白质，肝脏就会将其进行分解，并由肾脏排出。为了保持身体健康，人体每天要摄取一定量的蛋白质来维持蛋白质平衡。

（1）蛋白质的代谢过程。

蛋白质的消化过程可以分为以下四步：

①食物中的蛋白质进入消化道中先被消化成氨基酸，然后被小肠吸收进入血液并运输到全身各处。

②氨基酸进入组织细胞被合成各种组织蛋白、酶等蛋白质。

③氨基酸进入细胞通过氨基转化作用产生新的氨基酸。

④氨基酸进入细胞通过脱氨作用生成含氮的氨基和不含氮部分，含氮的氨基在肝脏转变成尿素，通过泌尿系统排出体外，不含氮部分可以被氧化分解或转变成糖类和脂肪。

（2）补充蛋白质对健美操运动的影响。

健美操运动不仅可以消耗过多的糖分和脂肪，还会消耗部分蛋白质。因此，为了防止蛋白质的流失对体内细胞造成各种不良的影响，需要在完成运动后有针对性地补充蛋白质，促进蛋白质的修复和再生，以保证更好的运动效果。蛋白质对人的肌肉力量影响较大，因此，在进行健美操运动后需要及时对蛋白质进行补充。目前，比较理想的健美操营养补剂为亮氨酸、异亮氨酸与缬氨酸的混合物，其混合比例为2∶1∶1。这种营养补剂可以促进肌肉力量的生长，满足机体运动后对蛋白质的需求，适合在强度较大的运动后服用。

4. 水、盐代谢

（1）水代谢对健美操运动中人体的影响和作用。

水是人体的重要部分，它能促进细胞的新陈代谢，并能维持体内细胞正常形态。水在人体中的比重是65%~80%，分布在人体各器官和体液中。水的代谢对健美操运动非常重要，这是因为在进行健美操运动时，体内的热量变化会引起体温变化，而水的代谢可以稳定这种变化，保持体内温度的平稳，避免人体温度失衡。

（2）无机盐代谢对健美操运动中人体的影响和作用。

无机盐在人体内所占含量比例不大，仅占人体的体重的4%左右，它是构成人体组织的重要原料。但是其在维持渗透压、维持体内酸碱平衡以及维持神经肌肉兴奋性等方面有很大作用。在健美操运动中，无机盐的代谢能保证体内水的平衡，使身体机能正常运行。进行健美操运动时，为了使无机盐能正常代谢，要注意饮水量和饮水次数，基于此，健美操运动员一般会遵守饮水“少量、多次”的原则。如果饮水过多，血液被稀释，不仅心脏负担会加重，还会出现消化不良的问题。正确的补水时间是运动前10~15分钟内或者运动中的每15~20分钟，适宜的补水量在运动前为400~600毫升，运动中为100~150毫升。

（二）健美操运动的能量代谢

1. 磷酸原系统

在健美操运动中，能量的主要来源是三磷酸腺苷（ATP），它也是生物体内最直接的能量来源。ATP储存在细胞中，但肌肉中ATP的储存较少，不能满足人体日常运动能量的需要，因此ATP在肌肉中的储存量不能决定ATP主要作用的发挥，其作用的发挥与否在于ATP是否能迅速合成。ATP的能量供应原理如下：在运动开始时，肌肉收缩，储存在细胞中的ATP迅速分解，在ATP分解过程中，与之紧密相关的是磷酸肌酸（CP），也在迅速地分解，并且放出能量，供ATP的再次合成。需要强调的是，CP在分解的过程中虽然也释放出一定的能量，但这些能量并不能被细胞生命活动直接利用，而是用于ATP的再合成，ATP是将人体内的化学能转化为机械能的唯一直接能源。在人体机体内部，ATP和CP都属于高能磷酸化合物，二者所组成的系统被称为磷酸原系统，这一系统是不可替代的能迅速生成能源的系统，它能够为高强度运动提供能量。人们在开始进行健美操运动时，人体会首先选择磷酸原供能系统，这是因为ATP、CP都是以水解分子内高能磷酸基团的方式供能，随着训练强度的增加，ATP的转换率加快，人体对磷酸原供能系统的依赖性也随之加大。

2. 乳酸能系统

虽然磷酸原系统的供能特点是功率输出最快、持续时间短、没有中间产物，但是在健美操锻炼中，有一些项目的运动强度过大，运动时间持续较长，仅靠磷酸原系统供能是不能及时给运动者进行ATP补充的，如竞技健美操项目，这时就需要另一个供能系统——乳酸能系统（糖无氧酵解系统）的帮助。乳酸菌系统供能是指在供氧量满足不了人体需求的情况下，使肌糖原与葡萄糖在无氧分解过程中，再合成少量ATP的过程。机体内部糖酵解的过程为：首先，糖从葡萄糖生成2个磷酸丙糖；其次，磷酸丙糖转化为丙酮酸，生成了ATP。在有氧条件下，内酮酸可以进一步氧化分解生成二氧化碳和水。在缺氧条件下，丙酮酸在乳酸脱氢酶的催化下接受磷酸丙糖脱下的氢，被还原为乳酸。在氧供应充足时，无氧酵解所产生的乳酸，一部分在线粒体中被氧化生能，一部分则被合成肝糖原等。乳酸是一种强酸，当过多的乳酸积聚在体内时，就会破坏肌体内环境的酸碱平衡，会导致肌肉暂时性疲劳，使肌肉工作能力下降。糖的无氧酵解在健美操运动中是一个连续的过程。首先，在运动的初始阶段，细胞中的ATP经过酶催化作用，会被迅速水解并释放出一定的能量；然后，机体内ATP的浓度会暂时下降，但是在利用CP分解时所释放的能量后，又可以使ATP再次合成。糖酵解过程在肌肉利用CP的同时被激活，然后肌糖原就会迅速分解并提供运动中需要的能量。通过上述介绍我们可以知道糖无氧酵解在运动中具有非常重要的作用。

3. 有氧氧化系统

除磷酸原系统、乳酸能系统外，有氧氧化系统也是健美操运动中常见的供能系统之一。有氧氧化系统，也就是在氧气供应充足的条件下，进行供能的能量供应系统，糖、脂肪和蛋白质是此系统中主要的消耗材料，在氧化作用下，以上的三种物质最终会被氧化成二氧化碳和水。与磷酸原系统和乳酸能系统相比，有氧氧化系统最大的特点是能够进行长时间的供能，产生大量的ATP，维持肌肉的工作。相关数据显示，有氧氧化系统中由葡萄糖氧化所产生的ATP是糖无氧酵解的19倍，并且它能将糖无氧酵解的产物——乳酸——彻底氧化成二氧化碳和水，释放出能量供肌体利用。因此，有氧氧化系统是进行长时间耐力活动的物质基础，在练习有氧健美操的过程中，可以有效地将无氧代谢过程中产生的乳酸快速地消除，以增强健美操的训练效果。在机体有氧氧化过程中，首先消耗的能源物质是体内的糖，其次是脂肪，最后是蛋白质。在健美操运动中，根据运动进行时间的长短，这三种物质也逐次被分解用以供能。在运动时长不超过半个小时、运动强度较低的情况下，糖原是最先供能的物质；在运动时间超过半个小时、运动强度为中低强度的情况下，脂肪为主要的供能物质。脂肪与糖原虽然都适用于中低强度的运动供能，但其比例会随着运动强度的增大而逐渐降低，这是由于脂肪在氧化过程中对糖原有一定的依赖性，当肌糖原被逐渐耗尽时，脂肪与糖原的供能比例才逐渐升高。当运动时长超过半个小时，运动强度较大时，供能物质就会有蛋白质。值得注意的是，此时的供能总量并不是蛋白质总的供能量，其中还包括肌糖原的供能量。在肌糖原储备丰富时，蛋白质的供能量只占总量的5%，当肌糖原逐渐消耗完，蛋白质的供能比例逐渐上升，最大可以达到总供能量的15%。

（三）健美操运动对生理健康的影响

1. 心血管系统

心血管系统属于人体八大系统中的血液循环系统，它是由心脏、血管（包括毛细血管）和血液组成的，对人体的生存具有相当重要的作用。通过心血管系统，血液不仅能将氧气和营养物质送至各细胞，还能将细胞中产生的废物带走。经常进行一定的健美操锻炼，可增强心血管系统的功能，心血管系统会在形态、功能等上产生良性的转变，提高血液循环的质量以及改善人体心肺功能。

（1）提高血液循环的质量。

①血液总量增加。一般情况下，正常成年人的血液总量占体重的7%~8%，但是经常参加健美操运动的人由于血液中的红细胞和血红蛋白含量增加，并且红细胞的携氧能力也有了一定的提升，其血液总量较一般人更多，约占体重的10%。

②保证血液的供给。健美操运动促使人体血液的分配机能增强，人在承受较大生理负荷时可以在神经系统的帮助下释放脾、肝等器官中储存的血液。除此之外，健美操运动还可以促进血管的收缩和舒张，在肌肉活动时，能够有足够的血液供给。

③促使血液的正常循环。人体血液在循环时可能会出现血管堵塞的情况，这是因为人们在食用高脂肪、高胆固醇或高热量食物后，如果脂肪、胆固醇无法被身体及时消耗，就会沉积在血管中。经常进行健美操锻炼，人体内就会产生一种具有清理和打扫血管沉积物功能的高密度脂蛋白粒子，促进血液正常循环。

④预防心血管疾病。在进行健美操运动时，人体血管会加快其收缩和舒张速度，从而会出现一系列的变化，如使血管壁的弹性增强、冠状动脉口加粗、毛细血管增多等，这些变化都有利于血管的软化，对心血管疾病的预防有积极作用。

（2）改善心肺功能。

①心脏跳动增强。进行适量健美操运动后，人体心率加快，运动之后心

率减慢，有益心肌健康。

②心容量增加。通过健美操运动，心肌纤维变粗、心腔扩充、心脏收缩能力增强，进而使心容量增加。经常参加健美操运动的人与一般人相比，其心容量为后者的十倍之多，心肺功能大大增强。

2. 呼吸系统

呼吸系统是将人体内部气体排放到外界，并与外界进行气体交换的一系列器官的总称。人体活动的一切能量都需要体内营养物质的氧化，在这一过程中，氧气是必不可少的物质。因此，呼吸也是人体生命活动中不可或缺的一部分，呼吸系统是人体生命活动的重要标志。

（1）提高呼吸系统的机能。

呼吸系统的机能水平包括呼吸频率、呼吸深度、肺活量等，经常进行健美操运动可以改善人体呼吸系统的机能，表现为呼吸频率减小、呼吸深度加大、肺活量提高等。

（2）促进呼吸器官结构的改变。

人体呼吸功能的强弱与呼吸器官有直接关系，如果呼吸肌更富有弹性，肺泡的容量更大，那么人的呼吸能力就更强。一般情况下，正常成年人的呼吸量为500毫升，呼吸频率为12~16次／分，但在经过大负荷的健美操练习后，人的呼吸量可达到2500毫升，呼吸频率也会增加到40~50次／分，为安静时呼吸的5倍，也就是说呼吸器官必定会发生一定的改变来适应肌体活动的需要。相关调查显示，经常参加健美操运动的人，其胸围要比一般同龄人的胸围大3~5厘米。

3. 神经系统

神经系统是控制人体器官活动的重要系统，其发育成熟最早，控制调节能力最强，对器官活动影响最大。伴随着年龄的增长，神经系统在人体的八大系统中的地位逐渐凸显出来，人的记忆力、分析力、想象力等各种思维能力不断发展，人的器官在神经系统的调控下也逐渐成熟，帮助人体适应外界环境的变化。在健美操运动中，身体的协调能力的提升、力度的掌握、方向感的形成都离不开神经系统的控制，可以说，健美操运动是通过大脑的控制与身体的展现而进行的运动，参加健美操运动，也会有利于神经系统的发育。

（1）提高大脑皮层神经细胞的耐受性。

决定大脑工作时间长短的是大脑皮层神经细胞的耐受能力，要想提高这一能力就要让脑细胞得到更多的营养，增加大脑的血流量。由前文可知，经常参加健美操运动有利于促进人体血液的循环，使血液循环的速度加快，进而影响大脑功能，使其可以坚持较长时间的工作。

（2）提高神经系统的反应能力和灵活性。

神经系统调节各器官与系统的功能，对健美操具有关键性作用，而健美操运动同样可以影响神经系统。健美操运动的表演环境为开放式的场地，在运动进行的过程中，运动员会受到来自外界的各种刺激，这些刺激在潜移默化中锻炼了机体的应激能力，使神经系统的反应能力和调节能力都有进一步的增强，运动员也能更加协调、灵活、准确地掌握和完成健美操动作。

（3）提高人体对环境的适应能力和免疫能力。

健美操运动使人的身体机能得到改善，神经系统能更有效地控制人体的各个部分，使人体代谢能力增强，对外界环境变化有了更强的适应能力，并增强免疫力。人体的免疫力决定自身是否容易受到外界的影响和伤害，因此，多参加健美操运动可以增强人的体质，保持身体健康。

4. 运动系统

人体的运动系统是人体能够进行运动活动的基础，包括骨骼、肌肉、关节、韧带等。我们进行健美操运动的主要目的就是改善身体的运动系统，使身体可以更好地完成活动，其主要影响体现在以下两方面。

（1）提高关节的柔韧性和灵活性。

经常参加健美操运动的人，关节周围的肌肉和韧带得到了锻炼，从而关节囊的力量和关节的稳固性也会加强。同时，关节周围的肌肉、韧带的伸展性得到改善，扩大了关节的运动幅度，提高了关节的灵活性。

（2）强化骨结构，提高骨性能。

长期进行健美操训练活动的人，由于新陈代谢与血液循环能力比普通人更强，促使其骨骼的结构与性能也发生了变化。在不同的压力与拉力之下，骨小梁的排列变得更加整齐和规律，这些结构上的变化也能使骨骼变得更加粗壮和坚固，并且在一定程度上使骨的抗压、抗弯和抗断的性能得到了提高。

二、高校健美操运动的心理学研究

（一）个性心理与健美操运动

1. 能力

所谓的能力则是完成某一个活动所具备的心理特征。能力是运动员掌握健美操技能和提高成绩的基础。不同的人的能力有不同的特点，因此存在多个方面的差异，如能力类型的不同、能力表现的时间的不同、能力发展水平的不同等。

2. 性格

所谓的性格是个人对现实生活的趋于稳定的态度和习惯化的行为方式。性格与能力一样都是一种稳定的心理特征。和能力一样，每个人的性格也各不相同。性格特征有特殊的表现，具体如下。

第一，性格是现实社会关系在人脑的反映，个人的思想意识和行为习惯能从其对现实的稳定态度和采取的某种行为方式中得到反映。

第二，性格特征比较稳定，但又有可变的倾向。性格是一种具有稳定性、经常性和一贯性的表现。性格又是可变的，如一个胆小怕刺激的大学生，经过长时间的健美操运动训练和多次比赛后，很有可能变成一个坚强勇敢的运动员。

3. 心理健康

人的健康不仅包括生理上的健康，还包括心理上的健康，并且生理状态和心理状态相互影响，相互调节。权威的医学研究证明，人的大脑中存在一种与身体和心理都具有密切关系的化学物质，它在调节人的免疫系统的同时还影响人的思想感情，也就是说在保持良好心态的同时，人体内也在分泌着各种有益于身体健康的化学物质，在生理和心理的双重作用下，人的免疫机能会有大幅度提高。医生在为患者进行康复治疗时，往往会建议患者保持一个乐观、积极的心态，因为这样对身体的恢复有很大的帮助，如果患者每天都沉浸在负面消极的情绪中，不仅不能让病情有所好转，还可能导致其病情的恶化。长期坚持健美操运动对人的心理健康具有正面影响，因为这符合传导兴奋的原理。传导兴奋原理认为神经兴奋具有双向传导的作用，以大脑和肌肉为例，神经兴奋既可以从大脑传至肌肉，也可以从肌肉传至大脑。在神经兴奋传导的过程中，肌肉活动越积极，对神经的刺激就越大，大脑就越兴奋，情绪就会高涨。若肌肉活动比较消极，对神经的刺激随之减少，大脑兴奋性降低，情绪就会低沉。从这一原理中我们可以得知运动能有效调节情绪，因此，很多医学研究者也将运动疗法作为治疗方案之一。

（二）心理因素对健美操运动的影响

在健美操运动的分类中，竞技健美操逐渐得到了越来越多人的喜爱。运动员除了要展示自己高超的动作技巧之外，还需要具备较强的心理素质，减少心理因素对表演或比赛的影响。除了竞技健美操，其他类别的健美操表演也都需要表演者增强心理素质来更好地将自己优美的身姿和技艺展现给观众。下面从三个角度阐述心理因素对健美操运动的影响，分别是智力、情绪、意志。

1. 智力

人的智力影响着人身体活动的方方面面，健美操运动也不例外。健美操运动需要运动员用敏锐的观察力、精准的记忆力、丰富的想象力完成不同难度动作的创编和练习，如果智力没有得到很好的发展，身体的活动能力就会受到限制，因此，智力的发展与身体活动能力的发展在健美操运动中具有非常密切的关系。对于一个优秀的健美操运动员而言，其表现力、创新力、思维能力等都是必不可少的，要在成长过程中重视智力的发展。

2. 情绪

情绪是人在情感上的一种体验，它反映出了人对客观事物表达的态度，在人的身体活动中也具有非常重要的作用。对于运动员来说，要想在比赛中取得较好的成绩，不仅要有过硬的技术本领，还要保持一个平稳的情绪状态；对于表演者来说，要想呈现最完美的演出，必须以一种饱满的情绪来进行。由此可知，好的情绪对人具有帮助作用，相反，不良的情绪则会打乱人的整个状态，让人心神不宁。健美操是一种散发着热情和活力的运动项目，运动员要用饱满的情绪去感染观众，如果在运动的过程中不能将自己的情绪稳定好，注意力不集中，就很难掌握动作技能，甚至会受伤。反之，用良好的情绪去训练或表演就会获得令人满意的运动效果。因此，学会更好地控制情绪也是每一位健美操运动员必备的技能。

3. 意志

意志是一个人意识能动性的集中表现，拥有坚强的意志品质对大学生来说是终身受益的。从培养意志品质的角度出发，进行健美操运动是一个很好的选择，同样，坚强的意志品质也有利于参与健美操运动，二者相互成就，相互促进。意志品质对健美操运动的影响体现在以下三方面。

（1）满足各种动作的需要。

健美操运动相比于日常活动，身体各部位的紧张程度更高，尤其是肌肉始终处于高度紧张状态，运动员需要以这样的身体状态在不同情境下，完成各种难度水平的动作。如果没有一定的意志做支撑，运动员就很难满足各种动作的需要，因此，意志能帮助运动员完成各种难度的动作。

（2）克服各种不良影响。

在健美操运动中，运动员可能会受到各种各样的干扰，有来自外界的，也有来自身体内部的。这时，运动员通过意志力来集中注意力，可以有效地排除各种干扰，克服不良影响。

（3）更好地坚持训练。

任何运动项目的训练都是枯燥而辛苦的，健美操运动同样如此。运动员在训练到一定程度时，身体和心理会到达一个瓶颈，可能出现疲惫和厌倦的消极情绪，也可能产生运动损伤。这时，意志坚强的人就会克服各种困难，坚持将训练完成。

三、高校健美操与身心健康研究

（一）高校健美操运动的健身价值

1. 强身健体，提高人的身体素质

增强体质，克服运动过程中的单调、枯燥是健美操运动的重要目的之一。科学、合理的健美操锻炼能够使人体的速度素质、耐力素质、力量素质、协调素质与柔韧性等得到发展，同时还能够使人体的肌肉、关节、韧带与内脏的功能得到改善，从而实现健康得到增进，人体身体素质得到提高的最终目标。

2. 健美塑形，使人的体形体态得到改善

在这里我们所说的体态，主要指的是人体各部位所展现出的外形姿态，而体形则是指人整个身体的形状。通常来说，先天发育不良和后天姿势不准确或营养不良是造成人体不良形体的主要原因。如肥胖、瘦弱、“O”形腿、“X”形腿、鸡胸、驼背等不良体形，这些不良的体形对人的体态美有着直接的影响。健美操是充满活力和快节奏的运动项目，运动负荷较大，健身者通过参与健美操运动锻炼可以消除体内的多余脂肪，促进人体肌肉的发展，从而按照健美的方向使练习者的身体得到发展。所以，如果健美操运动训练长时间、有针对性、科学化地开展，就能够使人体各种不良的体形与体态得到有效改进与纠正，进而实现健美塑形的重要目的。

3. 使情操得到陶冶，使人的心理健康得以促进

除了具备健身健美的双重价值以外，健美操运动还可以陶冶情操，促进人的心理健康。音乐作为健美操运动的灵魂，在音乐的伴奏下，健美操运动能够使人感到精神振奋起来，从而使练习者向上拼搏的精神得到激发。同时，在欢快、优美的音乐背景下，练习者还能够对心理压力进行克服，使自身的紧张情绪得以消除、烦恼得以忘却，进而使心理健康得到增进。此外，还能够使练习者的情操得到陶冶，学习效率与工作效率得到提高。

4. 使生活得到丰富，具有较强的艺术观赏性

作为一种新型的体育运动项目，健美操运动所具备的锻炼价值是综合性的。在具备良好健身价值的同时，还具备较强的艺术观赏性。健美操运动所

具有的时代节奏感，奔放优美的动作能带给人一种韵律美和具有健、力、美的动感。健美操运动中，练习者紧身合体的服装，能够勾画出人体美丽的线条，从而带给观众美的享受。因此，一场良好的健美操运动表演，不仅能够通过音乐、动作和服装的完美融合给观众带来良好的艺术观赏体验，促进观众产生较强的启发与共鸣，进而使人们练习健美操的积极性与自觉性得到提高，使人们的文化生活得到丰富。

（二）高校健美操运动与心理健康

参与健美操运动，不仅能让人拥有健美的身材和健康的身体，还能培养良好情绪和健康心态。

1. 健美操对人的内在能力的影响

（1）对于想象力和创造力的丰富具有积极的促进作用。

对没有直接感受过事物的新形象进行反映的过程就是想象。对于高校健美操运动而言，存在较为灵活的锻炼方法，对于不同的人具有不同的作用和影响。不同的人的同一部位，采用同一种锻炼的方法，所产生的效果也有可能是截然不同的。而同一个人，在不同的阶段，对同一部位采用同样的锻炼方法也有不一样的感觉。综上所述，在高校健美操运动锻炼开展的过程中，练习者应该认真思考，将自身风格的想象力和创造力充分发挥出来。按照环境条件与练习者的特点，探索最佳的健美操锻炼方案，同时在实践过程中，努力对锻炼的效果与感受进行有效的再调节。由此可以看出，长期进行健美操运动锻炼对于人的想象创造力的丰富十分有益。

（2）对于注意力的提高具有积极的影响。

所谓的注意力，主要是指人的心理活动指向或集中于一定的对象。注意力是在不断实践过程中发展的，能够促进人们知识的获得与工作效率的提高，注意力的产生，主要基于人们猎奇、学习等目的。造型优美的身体、刚劲有力的动作，有较强的刺激性。健美操具有增强体质、强壮体格、减肥美体的作用，可以使人们对美的追求，以及积极、愉快、和谐的情感体验得到较好的满足，因此，人们的兴趣很容易被激发，在较短的时间内，使人的注意力向健身运动上集中。通常来讲，人不可能只注意一种事物、一项工作，注意力的转换经常会发生。神经活动的灵活性及兴奋和抑制的交替过程在很大程度上决定着注意的转换频率，但这并不是唯一的影响因素，后天的培养和锻炼也能够在一定程度上影响着注意的转换频率。健美操就是一个较为理想的途径。现代健美操的动作复杂多样，有简单的，有复杂组合的，有推拉、收展、环绕与伸屈等很多种活动的方式方法，具有较多的变化与节奏。健美操训练中变化较多，能够使人的注意转换得到培养。经常开展健美操锻炼的人同普通人相比较，存在较为明显的、稳定的、集中的注意力。

（3）对于顽强意志力的培养十分有益。

所谓的意志，主要是指人们对目的与种种困难自觉地确定与克服，进而使目的得以实现的心理过程。对于从来没接触过健美操这类体育项目的人来说，初学时会遇到许多的困难，例如，动作不协调、不准确、肌力较差、体质较弱，等等。而健美操自身的独特魅力能够帮助练习者树立信心，使其努力克服练习过程中出现的困难，同时，对练习过后身体的不适感与肌肉的酸痛感努力克服，从而一定程度上增强练习者的意志。良好的意志品质是在教育和锻炼中形成的，而不是自发形成的，因此，要想取得较好的现代健美操锻炼的效果，就必须具备一定的勇气和顽强的意志。由此可以看出，健美操运动锻炼对于坚强毅力的磨炼和顽强意志的培养具有促进作用。

（4）对于人的自信心和奋发向上精神的培养具有积极的影响。

在健美操的运动过程中，人们伴着美妙的音乐，做着各种各样的动作，将情绪冲动同健美操的节律融合在一起，这种积极、愉快、和谐的情感体验，让人觉得没有什么困难能够难住自己。这是一种成功的感觉，它带给人人格的骄傲，大家在这种轻松而充满趣味的环境中，相互关爱、互相勉励，使心中压抑着的情绪一扫而光，产生一种努力向上的亢奋，而且这种优良的精神状态也会转移到学习、工作以及整个日常生活中。由此可以看出，健美操运动对于运动者健康的心理产生质的飞跃，具有非常重要的影响和作用。

2. 健美操对情商的影响

所谓的情商是人对情绪的表达和处理的能力，是个人在情绪方面的整体管控的能力。情商不仅能够对一个人是否取到事业和生活上的成功具有重要影响，而且能够将一个人对社会的适应能力较好地反映出来。

情商的作用主要体现在两个方面：一方面，现代人应该具有健全的情感，即情绪稳定、愉悦平和、调控适度，在情感交流过后，能够被他人认可、理解与支持，进而取得人与人之间的亲近感，获得事业的成功；另一方面，情商能够对人生起到重要作用。情商在我们的生活中具有非常重要的地位和作用，不仅会对我们计划完成某个项目，论题或解决某个问题产生影响，还对生活中是否快乐也有一定的影响，而对其产生主要影响的，则是个人对周围人、事、物的看法。由此可以看出，情商对人生也有一定的影响。经常进行健美操运动，能够使学生大脑的化学组成得到一定的良性改变，从而缓解学习压力，使部分心理障碍得到有效的缓解。

3. 健美操对情感的影响

所谓的情感，就是由一定客观事物引起的心理活动的波动性与传动性，是人对客观事物与现实的态度体验，道德感、理智感和美感是其主要表现形式。在进行健美操运动的过程中，要同时关注两方面内容：一方面，练习者接受形体健身运动信息过程中的认知因素；另一方面，练习者接受信息过程中的情感体验。只有这样，才能使健美操通过情感这个媒介更好地为练习者接纳和内化。

（1）有利于情境的创设和情感的培养。

情感是人们对客观事物的态度体验，有波动性和感染性。在形体健身运动中，若人与人之间总是绷着面孔，不苟言笑，则锻炼的气氛必然趋向紧张、严肃的人与人之间的氛围易产生一种压抑感，任何人都不愿表达出自己的内心想法，更无法激发他们锻炼的潜能，也更谈不上相互的情感交流。因此，要想使这种人与人的关系更加融洽，就对每个人提出了较高的要求。比如，真诚相对、真情相待，将感情、友爱融入于健美操的锻炼及与他人的交流中。这种轻松、愉悦、和谐的环境，能够让人感到趣味盎然、心情舒畅，而这种潜在的情感意识会很快迁移到健美操锻炼本身上，从而使学生形成一种积极的学习态度。

（2）有利于兴趣的培养和情感的调节。

健美操的锻炼效果只在坚持一定时间后才能显现出来，这很容易使锻炼者的情感受到冲击并对锻炼失去兴趣。鉴于此，对锻炼者提出了较高的要求，具体而言，锻炼者应从其心理发展的特点去做恰当的培养与调节。如果在进行健美操运动的过程中遇到了一定的障碍或者瓶颈，那么，就需要降低近期目标，多选自己感兴趣且效果显著的动作锻炼，这会让自己从尝到“甜头”中获得快感，并重新找到锻炼的乐趣。

4. 健美操对意志品质的影响

经常进行健美操锻炼，能够使练习者的思维能力、道德品质得到有效提升的同时，促进练习者健康心理的发展，尤其是对良好的意志品质的培养有着积极的推动作用。

5. 健美操对改善心理缺陷的积极影响

在现实活中，有一部分人由于种种原因，造成了心理缺陷，其主要特征表现为：无法保持正常人所具备的心理调节和适应能力，总是偏离心理健康的轨道。性格缺陷和情感缺陷是较为常见的两种主要形式，都会造成人的社会适应不良。研究证明，健美操是纠正心理缺陷、培养健康人格的重要途径之一。

（1）能够较好地调节情绪、克服焦虑。

健美操调节情绪、克服焦虑的作用主要体现在两方面：一个是使消极情绪得到积极的转变，另一个是积极培养焦虑患者的自信心。

①使焦虑患者的消极情绪得到积极的转变。

健美操运动不仅可以让人的身体获得健康，还为人的心理健康提供了基础。锻炼中精神高度集中的特点有助于抵御、疏导和消除不良的心理压力，使人形成健康的性格特征，这对情绪的稳定有很大的作用。

②使焦虑患者的自信心得到有效的培养。

健美操有助消除积蓄的肾上腺素（该激素能使人保持紧张状态）和其他代谢产物，并且能使脑垂体腺素分泌释放大量的内啡肽（p-内啡肽），它能使人的心理承受较大压力。

（2）能够使恐惧与胆怯得到较好的克服。

健美操运动对于恐惧与胆怯具有克服功能，主要体现在两方面：一方面，是使恐惧与胆怯患者的运动技能得到逐步提高；另一方面，通过多种多样的运动形式和科学化的指导，抑制患者的心理障碍。

（3）对于过度紧张的克服具有积极的促进作用。

所谓的过度紧张，主要指的是一种急性的过度疲劳，主要是由于一时的过大的生理负担与心理负担，机体自身的承受能力超过预期。过度紧张的主要表现是出冷汗、面色苍白、极度疲劳，如果情况严重，还会出现四肢发抖、语言不清、血糖降低明显（主要指的是降低到50毫克/分升以下）、呼吸急促等各种症状。而如果适度紧张，就能够使人完成目标的潜能得到调动，反之，如果过度紧张，就会起到相反的作用了。

对于过度紧张的患者，通过健美操运动，能够通过对生理和认知两方面的调节，来逐步克服过度紧张这一心理障碍。

下面就简单介绍一下具体的调节方法。

①生理调节。

健美操的生理调节主要包括三种方法，即表情调节法、呼吸调节法以及活动调节法。

②认识调节。

健美操的认识调节主要包括两方面：一是表象调节，一是暗示调节。这两种调节方式都能让练习者从心理上很好地克服过度紧张的现象。

第三章　高校健美操运动的教学研究

第一节　创新型教学的内容与教学任务在健美操教学中的应用

一、健美操教学内容创新

高校健美操课程的教学内容是教师和学生开展健美操教学活动的依据，是完成健美操教学的重要条件，它主要指为完成教学任务和教学目标而进行的各种理论知识学习和实际练习。依据上述思路，学校健美操的教学内容可包括以下三个部分。

（一）理论部分

高校健美操教学需要一定的教学理论，具体分为以下几点。

1. 健美操概述

（1）健美操的概念，起源与发展。

（2）健美操的分类、特点和功能。

（3）健美操运动的发展趋势。

2. 健美操的创编

（1）健身性健美操的创编原则与方法。

（2）竞技性健美操的创编原则与方法。

3. 健美操竞赛的组织与规则简介。

（1）健美操竞赛的组织与竞赛的种类

（2）健身健美操竞赛规则简介。

（3）竞技健美操竞赛规则简介。

4. 健美操的音乐知识

（1）音乐在健美操中的作用。

（2）健美操音乐的选配。

（3）如何欣赏音乐。

（二）技术实践部分

高校健美操的技术实践教学的目的是使学生掌握健美操动作的方法、要领，培养学生正确的身体姿势，塑造学生良好的形体，增强学生的各项身体素质，促进学生加深对健美操理论的理解和对动作技术的掌握。

1. 健美操基本动作练习

（1）健美操的基本步伐：踏步类、并步类、弓步类、半蹲类、吸腿类、摆腿类、弹踢类、踢腿类、开合跳、分腿跳、点地、并跳等。

（2）健美操的基本徒手动作：头部和颈部动作、肩部动作、上肢动作、胸部动作、腰部动作、髋部动作、地上基本姿态等。

2. 形体练习

（1）身体站立的基本姿态：丁字步、芭蕾的五个脚位。

（2）手臂的基本姿态：手形及七个基本手位。

（3）手臂的摆动、绕环及波浪练习。

（4）基本步伐和舞步：柔软步、足尖步、滚动步等。

3. 健美操基本素质练习

（1）力量练习：哑铃侧举、上举、头后上举、组合练习；仰卧起坐、俯卧撑。

（2）速度练习：后蹬跑、快速跑、计时跑等。

（3）弹跳练习：纵跳、吸腿跳、蛙跳、跳台阶、立定跳远。

（4）耐力练习：800米跑、2000米健身跑、分钟定时跑、计时跑。

（5）柔韧练习：压腿、踢腿、压肩、前桥、后桥。

4. 健美操成套动作练习

（1）组合动作练习。

（2）成套动作练习

（3）健身健美操和竞技健美操各1套。

（4）街舞，搏击操拉丁健美操。

（三）能力培养部分

（1）单个动作、造型创编练习。

（2）队形创编练习。

（3）个人创编1套健身健美操。

（4）小组创编1套竞技健美操。

二、健美操教学任务创新

课堂教学是健美操教学的基本组织形式。它以年级或班级为基本单位，按照规定的时间，根据教学计划、目标、大纲和教材，进行教与学的活动。

（一）整合课程结构

课程的结构就是一门课中各个部分的组成。一般分为授课时间的分配和授课顺序，它是课堂教学的内部组织形式。简单地说就是一节健美操课由哪几部分构成，以及其每个部分的内容安排步骤，组织教学、场地、用具以及时间分配等。健美操课的结构一般由三部分构成，也有多段教学结构的课。三部分结构一般分为准备、基本和结束（以90或100分钟的课为例）。

准备部分：是每节健美操课授课中所不可缺少的部分，时间一般是15分钟左右。任务是组织学生，明确本课的教学任务与要求，使学生的注意力迅速集中到课堂中，使身体各系统迅速进入兴奋状态，为基本部分做好心理和身体准备。准备部分的可分：一般性的准备和专门性的准备。课程准备活动的安排要与所授课的主要任务相呼应，组织的方法一般采用集体形式进行。基本部分：是每节健美操课的主要部分，时间是全课的70%左右，任务是根据本次课教学目标的要求，创造条件，使学生掌握和提高健美操的基本知识和技能，提高学生的共通能力及应用能力。基本的授课部分需要合理地安排内容，组织好教学活动。选定的练习和设计的动作难度要适合学生的水平，并且要考虑到练习内容难易的结合、新老动作的关系等。教学中，以传授知识，使学生掌握、提高技术为主要任务；以培养学生创新、解难和沟通等能力为主要目的。

结束部分：它是健美操课程中非常重要的一个环节，时间是10分钟左右。任务是为了有组织地结束教学工作，让学生的身体放松，恢复平静。结束部分可采用优美的音乐，让学生在美好的气氛中做一些拉伸练习或欢快的集体舞、游戏等，让身心得到放松，消除运动为身体带来的紧张状态，从而激励学生下次课进一步学习的欲望和信心。最后下课前要进行小结和讲评，形式有两种。一种是由教师进行小结，另一种是师生共同小结。小结要简短扼要，有针对性，以表扬和正面教育为主。

对健美操课的结构，不能简单地理解为三个部分，将它作为固定不变的模式加以运用。无论采用何种结构，都必须把健身功能、教育功能及体育锻炼的终身性问题统一起来，全面完成教学目标。教师由主演变为导演，充分发挥学生主体的作用。教法上采用现代化的教学手段和兴趣教学法、启发式教学法等。增加适合学生特点、学生兴趣高的内容，从而发挥学生的主动性、积极性，让学生达到自我教育、自我发展的目的。

（二）授课形式改革

授课的具体组织形式一般可分为全班上课、班内小组教学、班内个别指导三种形式。

（1）全班上课。其特点是所承担课程的教师按照课程进度计划进行授课，同时向学生提出共同的学习任务。教师以系统讲授为主，以其他方法为辅，向学生传授知识；学生在课堂上可与教师、同学进行多项交流；教师对学生要有爱心及耐心，多鼓励，少批评，让学生具有亲切感；教师对课堂内容要精心设计，考虑内容、时间、空间及人数等因素；教师在课堂中要善于创造幽默和快乐的气氛，善于调动学生的创造力和积极性，善于不断从学生中得到反馈信息，并用自己的情感、态度和行为直接影响学生并使他们产生相应的反应。

（2）班内小组教学。其特点是在全班授课制的基础上，开展临时性的小组学习活动，把教学的重点从教师的“教”转移到学生的“学”上，激发学生学习的主动性、积极性和创新的能力。各小组的人员不固定，一般以2~8人为一组，可以自由组合，也可以由教师安排。教师安排时，主要是把水平不同的几个人组合在一起，以便他们可以互相交流，互相促进，活跃课堂教学气氛。教师在授课中时刻关注各小组并进行指导和督促，随时地解决小组学习中遇到的问题。小组学习结束时，要分别进行总结、表演，来激发他们的学习兴趣，大胆地表现自我。

（3）班内个别教学。其特点是在全班授课的基础上，因人而异，根据学生学习能力分配教学任务。使教学适合每个学生的学习需要，调动每个学生的学习积极性，从而使他们都能从教学活动中受益；教师主要指导和帮助学生自学和独立思考；学生的学习资料一般是专门编制的健美操教材或教学参考书；学生的学习由单个动作练习到组合动作练习再到成套动作练习。

健美操教学授课对象为不同年龄、性别的学员，其体能情况差异较大，技术层次参差不齐，所以应采用多种教学形式，充分体现课堂化、课余化、终身化。教学效果达到乐（愉快、轻松、主动）—新（有心意、有创意）—恒（经常地、持久地锻炼）的效果。

（三）学习过程创新

健美操学习，是一个十分复杂的过程，它与一般体育学习过程既有相同之处，也有其不同点。

兴趣形成阶段：兴趣的产生基于学生知识的深度和广度。教材内容丰富是激发学生学习兴趣的重要信息源。在体育教学中，要求教师在教学方法和手段上力求创新，如利用幻灯、录像等多媒体电化教学手段，营造良好的课堂环境，引导学生加深对健美操基本概念、特点以及健身价值等的了解。来激发学生求知欲和保持学生对健美操运动的兴趣。兴趣是学习最好的老师，是激发学生初始学习健美操的主动意识，是激发学生积极性和创造性的动力。

只有学生对教师授课的内容产生兴趣，才能积极主动地去学习健美操课程，为其终身体育打下良好基础。

学习掌握阶段：健美操运动必须建立在良好技术动作基础上，如果技术动作不正确，健美操就没有生命力。因此，我们离不开技术学习。学习的内容，应根据学生的水平而定。所有体育运动，都具有一个技术性问题的，在学习健美操运动过程中，应着重让学生去观察教师的示范动作，通过技术动作的要求与基础知识的掌握来辨别在动作锻炼过程出现的问题。只有学生有了自学能力，会学习、怎么学、学什么，才有利于学生在今后的学习中提高效率。

创新合作阶段：首先要培养学生在健美操运动中收集及处理技能上问题的能力，掌握创编健美操组合的步骤。在教学过程中，教学生怎样通过多媒体、网络等去收集健美操的资料。其次是培养学生的创编能力，在学生已掌握了基本动作基础上，结合各小组收集到的健美操技能动作的资料，发挥集体的力量，以小组为单位进行健美操动作的创编，让学生真实地感受到人与人之间的自由交流以及运动技能提高的成功感。展示评价阶段：为学生提供展示的平台，创造发挥特长的机会，有利于学生彰显个性，提高自我表现能力。培养学生自我评议成套组合创编合理性的能力。学生通过自我评议过程，逐渐地将所学的理论知识应用于实践，在实践中增强对理论的理解，同时发现自己的不足，结合别人的意见，对创编内容进行修改、完善。在评价的方式上，除了教师的评价外，应重视自评和互评，其方法可实行激励性评议，对学习认真度、进步程度和实践能力等进行评价。在实践教学过程中，师生之间存在着内在关系，就是健美操学习过程两个创造主体之间合作、交流、沟通的关系。实践学习的过程中要求老师与学生之间积极互动，使体育学习过程真实地表现出创新性，达到促进学生身心共同发展的目标。

第二节　健美操教学的课程研究

一、健美操课程教学目标的研究

（一）促进学生身心健康全面发展

（1）发展人体各系统的生理功能，促进学生身体发育日趋完善

（2）发展心理功能，培养学生优良的思想和道德品质。

（3）发展力量、速度、耐力、柔韧、灵敏等身体素质，形成正确的身体姿态和良好的气质。

（二）学习并掌握健美操基本知识

（1）了解健美操的健身价值和功能，掌握健美操的基本理论、基本技术技能及锻炼方法。

（2）了解健美操的创编原则与方法，初步学会成套健美操的编排。

（3）了解健美操竞赛主要规则和表演知识，提高对健美操比赛和表演的欣赏能力。

（三）培养学生多方面能力

（1）参加健美操及其他体育活动的运动能力。

（2）自学、研讨、创新和创编能力。

（3）审美与创造美的意识与能力。

（4）组织健美操教学、比赛、表演及裁判能力。

（5）合作与互助能力。

（6）组织和协调个人、班级、校内和社会的活动能力及管理能力。

通过健美操教学与实践活动以及深入细致的思想教育工作，培养与提高学生对健美操的兴趣和爱好，在完成健美操教学任务的过程中，逐步达成上述教学目标，以适应21世纪培养德、智、体、美全面发展的高素质的创新型人才的要求。

二、健美操教学要求的研究

健美操教学是教师按照课程计划和教学大纲的要求，向学生讲授健美操的知识、技术、技能，提升他们的身体素质，并对其进行思想教育的过程。在教学过程中除了一定要遵循运动教学原则和正确运用教学法外，根据健美操这一体育项目的特点，还应做到以下几个方面。

（一）合理选择教材、教法，因人施教

健美操动作类型繁多，在教学中必须要根据学生情况，比如年龄、性别、身心素质等，恰当、合理地选择和运用教材，因人施教。教材内容一般是从简到繁，从单一到多元化。动作速度由慢到快，先学单一简单动作，再进行复杂的动作练习；较复杂的动作先分解教学，再完整组合练习。

（二）重视教师自身表现和主导作用的发挥

在授课过程中，要重视教师主导作用的发挥，这样会让学生更直观感受健美操的重要作用。比如教师饱满热情的态度、整齐合体的运动服、优美的示范动作、简短明确的语言提示、准确清晰的节拍口令、及时错误纠正等，对激发学生对健美操运动的兴趣、顺利完成教学任务都起着极为重要的作用。

（三）重视表现力的训练

表现力是通过面部表情和身体动作两方面表现来体现的。完整且优美的健美操动作一旦少了生动的表现，就缺乏了生命力。淳朴、自然、真实、富有激情的表现力，能够将美感传递给人，起到激发兴趣的作用。表现力的训练包括神态、气质和风格三个部分。

（四）注重身体素质的训练

身体素质在健美操运动中是非常重要的，它是练习者顺利完成健美操各类组合技巧动作的基础。因此，在提高健美操练习者身体素质的同时，更应注重专项身体素质训练，特别是上肢和下肢及躯干的力量以及肩、躯干、腿的柔韧度，弹跳力及动作的灵活度等。

（五）重视组合动作的教学

在健美操授课过程中，在已掌握多个单个动作的基础上，应及时进行调整，重视组合动作的教学。健美操运行项目的各类组合动作练习能够培养学生的身体协调度、美感、乐感以及表现力，是提高和改进所学各类动作技术的有效手段。健美操各类组合动作的编选，应符合教学计划目标及学生的水平。对初学者而言，应编排一些基本动作为主的、简短的、有规律的组合，为此达到巩固的目的；对具有一定基础的学生，则可以采用复杂一些的组合内容，在难度上可以有所提高。

（六）重视节奏感的训练

健美操是在音乐伴奏下，动作协调、有力，节奏感强的身体练习。增强节奏感的训练手段有以下五点：

（1）识别音乐旋律和节拍的练习。学生要从乐理知识入手，会听音乐中的主要旋律和节拍，并跟着节拍做击掌或跳步练习。

（2）在同一种音乐的伴奏下，完成身体各部分动作的组合练习。

（3）动作不变，在各种不同风格的音乐旋律的伴奏下进行练习，让学生深刻地了解节奏与动作之间的关系。

（4）选取具有不同的节奏、不同风格的音乐伴奏，完成整套技术的动作练习。把乐曲的节拍特点以及旋律，通过肢体动作表现出来，将动作与健美操的美相结合。

（5）选取同一首乐曲伴奏，运用同一组合动作，对节拍进行不同的处理，让健美操学习者从不同方面来体会、了解音乐节奏及其和动作的关系。

三、健美操教学内容设置的研究

健美操运动一直受到高校女生的青睐，为满足学生参加健美操运动的愿望，健美操的课程内容设置应主要以增强体质、增进健康、提高身体素质为中心，依据实用价值进行设置。因此，教师应按照有氧运动的基础理论，授课过程中避免损伤、内容通俗简单、循序渐进和提高自身基本素质等原则选择动作和编排音乐，使学生通过运动，对自身协调性、节奏感等方面的变化做出正确客观的评价，提高健美操学习的兴趣和健康水平。

（一）美国部分高校课程教学内容所涉及的领域

美国高校健身课理论内容包括体育情感体验、医疗检查、营养学等方面。实践方面包括力量素质训练课、基本步伐练习课、柔韧与伸展练习课、有氧代谢舞蹈课、水中舞蹈课、踏板舞蹈课、印度瑜伽等，涉及的范围非常广泛。这些内容在大学四年内完成，有主修、选修两类科目，采用学分制。

（二）我校（浙江外国语大学）健美操课程教学内容设置

我校（浙江外国语大学）健美操课程教学内容为有氧健身课、基本步伐练习课、手位练习课，并学习健美操的分类、功能、健美操编排原则、竞赛裁判法等。通过对比可知，我校健美操课在内容的选择上较美国各大学有所不足，和省内同类大学相比，我校理论课内容比较多，但实践课内容相对单一。这主要是受到气候、场地、学时、教师所掌握的知识的限制。为了适应当今大学人才培养目标，我校健美操课程的教学内容应适应时代发展的步伐，大胆改革、不断完善。

（三）新形势下对我院健美操课程内容安排的建议

理论方面应涉及健美操的定义、分类、价值，健美操的健身原理、基本手段和方法，健美操运动处方的制定、实施和锻炼效果的自我评价，运动医学基础知识、运动损伤的处理、运动营养、运动生理学基础知识等。为保证课程的完整性，也可将竞技健美操基本知识作为健美操运动的补充介绍给学生。另外，从世界卫生组织对健康下的定义："健康是指在身体、心理和社会各方面都完美的状态"来看，还应在健美操课程中加入心理学基础知识，加大体育保健知识的比重。技术方面应包括各种风格的有氧健美操课（拉丁健身操、搏击健身操、街舞健身操等），以提高学生的心肺耐力；进行形体训练课、气息练习课、舒展练习课、大众艺术健身操课，以增强学生的身体灵活性，改善身体姿态，塑造体形，培养气质，陶冶情操，形成愉快、积极、平和的心态；增加专项力量素质、柔韧素质练习课，以提高肌肉力量、肌肉耐力改善身体成分的组成，提高身体的柔韧性。

第四章　高校流行健美操实践训练研究

第一节　有氧踏板操的实践训练

有氧踏板操是一项深受高校大学生喜爱的运动项目，它是在有氧操的基础上发展而来的。有氧踏板操最早起源于美国，并于1989年在美国广泛流行开来。20世纪90年代传入我国，1991年在中央电视台《健美5分钟》栏目中首次出现，之后几年，踏板操只在高级的宾馆、饭店出现。到1998年，国内一些高级健身房才真正将踏板操这一项目推广开来。

一、有氧踏板操的特点

（一）运动负荷的可控性

有氧健身的运动强度始终保持在中、低水平，但如何控制好运动强度，对经验不是很丰富的指导教师和初级健身学习者都是一个难点，而踏板操则很容易达到这一要求。因为我们可以通过调整踏板下的垫板高度，来调节运动强度。完成相同的动作，踏板高低程度，高说明运动强度高，能量消耗也大，反之则小。这样健身者是可以根据自身的条件和运动锻炼程度选择不同高度的踏板。

（二）安全性好

可通过调整踏板的高度，选择运动强度。为提高强度常用的跑跳练习在健美操的踏板课上较少。跑与跳的练习对人体部分关节的冲击力是很大的，而很多健美操学习者都因技术动作掌握不好，特别是缓冲不充分，长期锻炼造成不同程度的损伤。而在踏板练习训练中，要想提高重心的高度，一定要做到腿部和臀部的发力，有利于保护关节和韧带。

（三）动作多变，娱乐性强

由于踏板的使用，动作内容大大增加。比如原来简单的踏、点可变成上下板，就变得更复杂有趣。可利用踏板的板面和板面上的四个角来完成板上和板下运动组合内容，还可以按练习者的需求，将踏板板面摆成不同位置。另外，踏板操练习者还可以在条件许可的情况下增加踏板高度进行练习。这样，随着踏板的利用产生了全方位的活动空间，踏板动作会变得多样化，从而让做操变得更加有趣。

二、运动准备

利用踏板具的高度控制运动强度，相同的动作在更高的踏板具上进行的强度和所消耗的能量都要更大，会使运动者的腿部肌肉健壮，富有弹性，肌肉的线条更加修长、漂亮，能有效地解决臀部下垂的问题。加之踏板操动作中的舒展与拉伸，使练习者的动作更灵活、更轻盈。同时，踏板操运动是适合所有人群的体育锻炼项目，特别是长期坐在课堂中的学生，也适合腿部缺少锻炼以及希望自己的腿部变得秀美、预防臀部下垂的人们。该运动不适合心脏病患者、腿部有伤者（包括膝关节及踝关节、大腿韧带有伤者）、身体虚弱者（如产后者、病愈者）练习。

运动准备：

（1）运动1小时停止进食。

（2）穿着轻松、透气的运动服饰。

（3）充分热身运动。因双踏板的动作大部分以上、下板，转板，跳板等动作运动，所以要侧重对大腿、脚踝进行热身，做到充分的伸展。

（4）饮用一定量水（最好是白开水）。运动前半小时，可喝200~500ml的水。因踏板属于运动量大的一种项目，在运动后一定会出大量的汗，训练中身体失去的水分应及时补充，保证体内水分充足。

注意事项：

（1）在运动上下板时，要注意踏板的重心移动，防止摔倒。

（2）运动过程中，建议每隔15分钟饮用少量的水。一定做到少量多次。

（3）要做好运动后的伸展，特别是腿部与臀部的伸展。

三、踏板操的功能

（一）消耗大量能量、提高心肺功能

因为要克服重力的作用，所以完成同一种动作需要借助踏板进行练习，这样会比在平地上起跳人体所消耗的能量更大。同时由于运动负荷的增加，有利于提高人体心肺功能。

（二）培养良好的方位感

由于踏板具有高度、长度、宽度，是一种立体的运动器械，因此借助它进行运动练习时，就不能像在平地上一样比较随意。比如离踏板过近，抬腿的高度不够，迈步过大踩到了踏板的边缘等，都容易摔倒或把脚下的踏板弄翻。这需要练习者能够清楚地判断出踏板的位置，掌握好自身位置以及踏板的位置。

（三）对腿和臀部的塑形作用

完成在踏板的上下的所有动作，主要用力的两大肌，分别是人体大腿上的肌肉和臀部的臀大肌，它们要克服的阻力，将阻力变成重力，而阻力要相对肌肉的最大力量要小一些。因此，大腿股四头肌及臀部的臀大肌要克服阻力和重力，这个力与大力量相比要小得多，有利于消耗腿部及臀部多余脂肪，突出腿部线条美。

四、踏板操的基本技术和基本动作

（一）踏板操的基本技术

踏板操主要有三大基本技术：重心移动、缓冲及控制身体。

1. 重心移动

在有氧踏板操运动中，重心移动动作是运动过程中保证练习者身体安全，

让动作平衡和流畅的一个重要因素。有氧踏板操中重心的移动主要体现在上板，下板动作的路线中，在完成动作时，进行两脚先后交替用力和身体向脚的动作方向同时移动，是有氧踏板操重心移动的关键。

2. 缓冲

缓冲是有氧踏板操运动的一项重要技术动作，是有氧踏板操运动的基础。它主要依靠踝关节、膝关节，髋关节等部位的屈伸和弹动产生。有氧踏板操的缓冲技术可起到以下两个方面的作用：在上板时，可使腿部上的肌肉充分获得收缩和对抗的练习，在下板时，可缓解地面对身体的冲击力和阻力，使动作和动作之间的连接安全、自然。

3. 控制身体

控制动作是健美操练习者在踏板操运动中调整身体基本姿态、保持身体自然挺拔的一种动作技术。它是人体肌肉的紧张与松弛的协调配合，在有氧踏板操中，控制技术主要用于进行上板、下板、左右的移动动作时对腰、腹、臀的肌肉控制，这些控制能对身体起到平衡、固定和保证安全的作用。

（二）踏板操的动作与组合动作学练

1. 有氧踏板操上肢动作的学练

有氧踏板操上肢动作主要有举、屈、伸、绕、绕环和振等动作，并可以通过改变动作的方向、路线、幅度、角度来完成，还可以采用单双臂同时做动作或依次做动作、左右对称做动作、左右不对称做动作等进行上肢练习。

2. 有氧踏板操下肢动作的学练

在有氧踏板操练习中，下肢动作主要是根据在踏板的不同方位做动作进行练习的。如下图所示，长方形代表路板：a.b.c.d，e.f.g.h为踏板周围的一些位置：r.s.t为踏板上左、中、右3个位置：面v，x分别为s，t到踏板两边中间距离的位置。

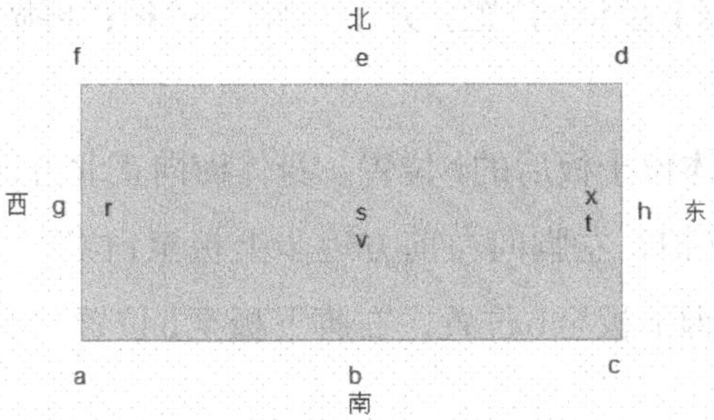

（1）点板步。

预备姿势：身体位于板后b位置，身体面向正北方。

学练方法：1~2拍：左脚向前迈步上板至s位置，身体重心前移，右脚前脚掌在s位置点板；3~4拍：右腿向后伸展，下板至b位置，左脚下板至b位置，并于右脚。

（2）横跨板。

预备姿势：身体位于踏板左侧g位置，身体面向正北方向。

学练方法：1~2拍：右脚向右侧横跨一步上板，至踏板中央位置；左脚紧跟右脚上板，身体重心随之移动至板上；3~4拍：右脚再向右横跨一步下板至h位置；左脚下板并于右脚，整个身体完成横跨踏板的动作。

（3）开合跳。

预备姿势：身体位于b位置，面朝正北。

学练方法：1~2拍：并腿向上跳起，左右分腿姿势落地，接着再向上跳起，并腿落地；3~4拍：同1~2动作完全相同：

（4）交叉步。

预备姿势：身体位于板下a左侧处，身体面向正北方。

学练方法：1~2拍：右脚向右迈出一步，左脚向右迈出一步，并交叉于右脚之后；3~4拍：右脚再向右迈出一步，左脚并于右脚。

（5）1字步。

预备姿势：身体位于b位置，面朝正北。

学练方法：1~2拍：右脚上板至s位置，左脚并于右脚；3~4拍：开合跳（并腿向上跳起，左右分腿姿势落地，接着再向上跳起，并腿落地）：5~6拍：右脚下板至b位置，左脚下板至b位置，并于右脚；7~8拍：再做一次开合跳。

（6）V字步。

预备姿势：身体位于板后的b位置，身体面向正北方向。

学练方法：1~2拍，左脚向左前方迈步上板至r位置，右脚向右前方迈步至t位置；3~4拍左脚下板至b位置，右脚下板至b位置，右脚并于左脚，还原开始姿势。

（7）X字步。

预备姿势：身体位于板另一侧f位置，身体面向正东方。

学练方法：1~2拍：右脚向右前方迈步上板至s位置，左脚并于右脚；3~4拍：右脚向右前方位置，左脚向左前方迈步下板至d位置；5~6拍：右脚向后侧方迈步上板至s位置，左脚向后侧方迈步至s位置，并于右脚；7~8拍：右脚向右后方迈步下板至a位置，左脚向左后方迈步至f位置。

（8）边角步。

预备姿势：身体位于板下b位置，身体面向正北方。

学练方法：1~2拍：右脚向左前方迈一步上板至x位置，左腿提膝；3~4拍：左腿伸膝落于开始位置b，右脚落于b位置，还原到开始姿势；5~6拍：左脚向右前方迈一步上板至t位置，右腿提膝；7~8拍：右腿伸膝落于开始位置b，左脚落于b位置，还原到开始姿势，

（9）马蹄步。

预备姿势：身体位于板下c位置，身体面向正西方。

学练方法：1~2拍：右脚向侧前方迈步上板至t位置；左脚上板至r位置，同时右脚脚尖转正；3~4拍：左脚为轴进行旋转，同时右脚下板至a位置；左脚下使身体朝东板至f位置；5~6拍：右脚向斜前方迈步上板至r位置；以右脚为轴旋转，使身体朝南，同时左脚上板至t位置；7~8拍：右脚下板落至d位置；左脚并与右脚，下板于d位置。

（10）跨骑步。

预备姿势：身体位于板后c位置，身体面朝正西方。

学练方法：1~2拍：右脚向右前方迈步上板至r位置；左脚并于右脚：3~4

拍：右脚向右后方迈步下板至d位置；5~6拍：右脚上板至r位置，左脚上板至r位置，并于右脚；7~8拍：右脚向右后方迈步下板至d位置，左脚下板至d位置，并于右脚。

五、温馨提示

（1）衣服要有弹性，以棉、莱卡等易排汗的材料为宜。鞋子要穿运动鞋，尤其是气垫式运动鞋能起到缓冲作用。不可以赤脚跳，这样很容易损伤脚踝。

（2）建议每周至少保证练习3次，坚持3个月为一个周期练习。

（3）练习时如果出现有疲劳感，导致身体不协调，或者身体有疼痛、头晕、心跳过速等情况，建议立即停止运动，作适当的休息。

第二节　有氧拉丁操的实践训练

一、有氧拉丁操的特点与功能

（一）有氧拉丁操的特点

（1）热烈奔放。有氧拉丁操的风格特点是热烈奔放，在锻炼身体之外更可享受愉悦。拉丁操要求全身心的投入，才把其奔放的感觉发挥得淋漓尽致，在音乐中释放身体。有氧拉丁操音乐是奔放、欢乐和激情的。一般拉丁舞的配器采用迪斯科的音乐节奏，能让人在练习当中感受到异域的风情和文化。

（2）锻炼全面。在进行有氧拉丁操运动时，身体大部分关节和肌肉都参与到锻炼过程中，因此，有氧拉丁操对人体减脂有很好的效果。有氧拉丁操注重运动量的控制和能量的消耗，要加强对髋、腰、胸和肩关节的练习，特别是对髋部灵活性的训练。

（3）负荷强度小。有氧拉丁操负荷强度非常小，适合所有人群练习。因为拉丁健身操的特点是热情、奔放、节奏感很强，所以更适合青年人锻炼，更具普及性。

（二）有氧拉丁操的功能

（1）有氧拉丁操以多关节运动为主，在一般健身练习中较少髋部及腰腹部练习，而在拉丁操中增加到了这部分练习，故对提高髋部和腰部的灵活性和身体协调性有明显的作用。

（2）有氧拉丁操来源于拉丁舞，在健美操的基础上，大量吸收了拉丁舞的动作风格和特点，不但有利减脂和塑造身体线条，而且具有较强的表演性和欣赏性。

（3）有氧拉丁操的这一运动项目具有美体、塑形、减肥、提臀的作用，同时可扩大练习者视野，提高审美的能力。

二、有氧拉丁操的健身动作

有氧拉丁操练习主要包括热身、有氧练习、放松和伸展四个部分。其中，热身部分主要针对练习者身体局部灵活性的锻炼，有氧练习部分的主要目的是减脂和增加人的心肺功能，从而使健身者在练习过程中产生紧致的肌肉，舒展肌肉线条，避免运动后的疼痛。

从技术动作的角度而言，有氧拉丁操的动作难度并不大，但对动作的用力方法和节奏的掌握一定要恰到好处。一般而言，有氧拉丁操动作的用力顺序是从下到上、由里向外，即所有力量来自地面对身体的反作用力，由脚传到腿到髋到腰再到躯干。

手臂的动作是由身体内部发出来的力量向外部延伸，身体的协调性以及用力程度是完成有氧拉丁操动作的关键。此外，有氧拉丁操基本动作有着非常重要的地位，学习时一定要注意。下面介绍有氧拉丁操几项常见的基本动作。

（一）抖肩

在做抖肩动作时，健身者需双臂伸直侧下举，五指分开，掌心向前，左肩前顶，右肩后展，再右肩前顶，左肩后展。

（二）恰恰步

恰恰步节奏为1哒2，即两拍三动的形式。在健身者健身时右腿向右侧迈出1拍“哒”，左腿并步；右腿再向右侧迈出。应当注意的是，恰恰步的变化很多，可以向侧、向前、向后；可以并步或交叉步；可以单独做或结合别的步伐一起完成。

（三）曼波步

节奏形成均匀的节奏，没有切分节拍，可以前后、向侧或结合转体动作，在传统健美操中也常用这个步伐。运用该技术动作时，左脚向前一步，重心前移，同时向左摆髋。随后，重心后移至右脚，同时向右摆髋。左脚向后一步，重心后移同时向左摆髋。然后，重心前移至右脚，同时向右摆髋。做曼波步时，双臂屈肘于髋间自然摆动。

（四）桑巴步

桑巴步的节奏形式也是1哒2，两拍两动，但与恰恰步不同的是它的“哒”拍时间很短，并且完成动作时节拍要有短暂的停顿。以向右的桑巴步为例，在练习时蹬左腿向右一步，重心右移，同时身体左转。“哒”左腿向右腿后点一步，同时右腿微微屈抬起，重心在左腿。把重心移至右腿，右脚原地点地一次。桑巴步也可用来做移动或连续多次使用，整个动作要随重心移动左右摆动。

第三节　有氧搏击的实践训练

一、有氧搏击操的特点

有氧搏击操适合生活压力巨大的现代人消减身心压力，这种锻炼项目非常有趣而且不伤害任何人。原因是健身者不需要使用任何器械，只需运用身体向空中挥拳，不需要和其他人进行搏击。

（1）有氧搏击操简单而且易学，极易普及。其上肢动作中最主要是以拳击中的直拳、摆拳、勾拳为主，再加上肘部的臂、掌等动作；下肢以膝踢、弹踢、侧踢、后踢为主。动作直观、易于掌握。

（2）在有氧搏击操练习强度大，能量耗能也大，它多以单动作的重复运动为主，练习部位集中，实效性好，使身体每个部位都能得到充分的练习，锻炼效果显著。

（3）有氧搏击操它既不是一项竞技运动项目，也不是双人搏击项目，而是有音乐伴奏的新型有氧操，具有较强的娱乐性，适合各个年龄阶段的人群进行健身锻炼。

（4）有氧搏击操强调意志的锻炼，练习中需要在脑中想象一个假想敌，确认好攻击目标之后，必须不断出拳和踢腿才能阻挡和击倒敌人，即使非常疲惫也要坚持，是对自身的挑战。

二、有氧搏击操的功能

有氧搏击操以有氧练习为基础，注重健身的全面性，可以使身体的各个部位，尤其是腰、腹、臀等容易堆积脂肪的部位得到有效锻炼。同时，有氧搏击操有利于增强练习者的心肺功能，全面提高其身体素质。有氧搏击操的强身健体功效主要表现为以下几个方面。

（一）强身健体作用

（1）该操动作幅度大，可让肌肉纤维不断拉伸，来增加人体肌肉的柔韧性和弹性。

（2）有氧搏击操中刚劲有力地踢腿、蹦跳等的动作，能提高人肌体的协调性、平衡感和身体耐力，从而改善人体的健康水平。

（3）该操具有十分灵活动作而且动作移位变化较多，可提高人肌体的灵敏度。

（4）有氧搏击操的音乐震撼人心、节奏迅速，动作铿锵有力，能让学习者充满激情，长时间持续锻炼，可提高交感神经系统的兴奋性，促进相关腺体的分泌，对心血管系统和呼吸系统机能的改善有着积极的影响。

（二）雕塑形体作用

这种运动项目在拳法和腿法动作丰富且多变化，出拳、踢腿、转腰等各种动作快速、准确，有爆发力，所以可使上肢和下肢得到充分锻炼，塑造出优美的肌肉线条。因此有氧搏击操对雕塑形体有显著效果。

（三）减肥瘦身作用

有氧搏击操的练习，注重速度和力度的结合，身体的快速移动、有力的挥拳动作加上大幅度的肢体伸展，增加了运动的强度和负荷，能使练习者消耗大量的能量，具有全面有效的减肥功效，尤其是对消耗腰腹和下肢部位的皮下脂肪具有显著的作用。

据测试，一节整套的有氧搏击操会消耗掉人体的大量热量，体重为60千克的人，进行1个小时的有氧搏击操练习，可消耗600卡路里的热量，是一般性健美操的两倍。

（四）自我防卫作用

在以有氧操为基础，大量吸纳了武术、跆拳道等运动项目中的攻击性和防御性动作。有氧搏击操具有其他有氧练习所不具备的自我防卫作用，高校学生可通过练习有氧搏击操学习，将其成为自我防卫的一种手段。

三、有氧搏击操的技术基础

有氧搏击操的基本拳法、腿法都来自搏击类项目，讲求在有效击打对方的同时保护自己不受伤害。搏击操动作在发力感觉上与拳击、跆拳道等完全相同，要求出拳、踢腿快、准、狠，搏击操出拳时的主要用力顺序是由下肢发力，从脚底踩蹬地面传递到腰部、腹部，再由腰部、腹部带动手臂出拳，腿部与腰部同时发力瞬间带动手臂向外发力至虚拟目标，紧接着靠自身力量迅速收回。在做每个动作时要求迅猛，有爆发力，做到“手到步到，身步一体”，整个过程一气呵成。

（一）基本站姿

（1）站立。

①平行站立：双脚平行站立与肩同宽，脚尖向前，膝关节微屈，重心放在双腿之间，双手握拳呈搏击防守姿势。

②前后开立：双脚平行站立与肩同宽，然后竖直撤一只脚呈前后开立，脚尖向前，膝关节微屈，重心放在双腿之间，双手握拳呈搏击防守姿势。

③防守站立：以右防守为例，马步蹲，左拳放在脸前，右拳放在体侧与胸同高，做好防守准备。防守可以根据进攻方向不同而手臂位置不同。

（2）移动。

①平行移动：在平行跳动的基础上，向左侧或右侧移动，移动时双脚始终分开，不要并拢。

②前后移动：在前后跳动的基础上，向前或向后移动，移动时双脚始终分开，不要并拢。

（3）跳动。

①平行跳动：平行站立好，然后身体稍向前倾，脚后跟微微抬起，左右跳动。

②前后跳动：像前后开立那样站好，然后身体稍向前倾，脚后跟微微抬起，前后跳动。

③防守蹲：防守蹲在前后开立的基础上，双拳防守，位置升高护住头部，同时下蹲。

（4）侧踢腿。

在平行站立的基础上，同侧手脚以腰部发力带动向中间运动，以右侧为例，右侧向外打开屈膝抬腿的同时右手屈肘关节下拉，使膝盖和肘关节相碰。

（二）基本拳法

搏击操的拳法是参照了并结合拳击，跆拳道的动作特点。主要拳法有直拳、刺拳、摆拳、勾拳、锤拳、翻背拳等几种。下面将介绍几种常见的拳法。

（1）直拳：可以在平行站立和前后站立两种站立姿势上出拳，无论哪种站立姿势都要腿先发力蹬转，然后腰用力，最后是手臂用力。动作要领：手臂直接打出的同时，旋转拳，手心向下，注意手臂不要完全伸直，这样可以保护肘关节不受伤害。直拳按位置可分为右或左拳，正或侧拳的高、中、低三种。

（2）摆拳：摆拳的站立姿势和发力与直拳完全相同。动作要领：手臂平抬随身体的扭动画弧线，手臂始终保持弯曲，手心向下。

（3）勾拳：勾拳的站立姿势和发力与直拳相同，不同的是腰部首先要向反方向扭转并压低上体，然后再发力出拳，手臂始终保持弯曲，拳心向后。

（4）劈：劈时脚下可以马步也可以弓箭步。动作要领：手劈一般是用掌，是腰部首先用力带动手臂，可以横劈，下劈。横劈时，手臂由头后与肩平行画弧线停在身体正中，手下劈时，手臂则由头后从上至下停在与肩同高的位置。

（5）摆拳：摆拳的站立姿势和发力与直拳完全相同。动作要领：手臂平抬随身体的扭动画弧线，手臂始终保持弯曲，手心向下。

（6）翻背拳：翻背拳是以拳头背部着力的一种拳法，是一种快拳法。此拳法用脚掌蹬地，上身稍转体，以胳膊的肘关节为轴心，拳背优先，快速反臂猛力弹击。

（7）肘击：一般采用平行站立，用肘关节进攻，可以分为横击、后击和下击。以右手横击为例，左脚首先蹬地，移动重心至右脚，腰部发力向右移动，左手掌推右手拳至右侧，最后力量到达关节，而左下击时要先高抬手臂，右侧腰拉长，然后腰用力收缩，肘下压。

（三）基本肘法

有氧搏击的肘法有:抬肘、提肘、砸肘、沉肘。

（1）抬肘。肘部关节由下方向上方同时从体前的上方抬起，拳心朝向下方，肘尖发力。

（2）提肘。拧腰部转身，肘部关节由下方向上方做一个直线上抬起，脚尖蹬地腰挺直。

（3）砸肘。肘部关节抬起，由上方向下方做一斜线，向其斜上方砸压。

（4）沉肘。身体向下沉，抬起肘关节，沿着直线由上方向下方沿直线出肘。

（四）基本腿法（也称脚法）

有氧搏击操主要的基本腿法有蹬、踹、踢、扫等。

（1）正蹬。正蹬是由正面发踢腿的尤为典型的直线型脚法。先一条腿屈膝往上提起，然后另一条腿微微屈膝作为支撑。屈膝让腿上提，让脚跟优先由屈到伸，迅速发力，直线蹬腿出击。在做动作时，上身稍后仰，微微含胸，双手弯曲做好防护姿势。

（2）侧踹。先一条腿屈膝向上抬起，小腿稍向外部摆动，膝盖向里收，以腿支撑微微屈膝，提起膝盖，腿由屈到伸向侧面踹腿攻击，所发出的力量要达脚跟或者到全脚掌，目视前方。可分为下段、中段、上段。

（3）后蹬。身体微微转动，先一条腿屈膝紧接着收回，小腿与地面平行，转头回视。向正后方用力挺膝伸开蹬出去，向前俯身，眼看正后方，双臂自然弯曲，维持身体平衡。

（4）横扫。腰髋的部位摆动起来，肩部拧转，将身体所有力量集于一只脚面或小腿胫骨，使之所做的动作路线变长，以最快的速度拉成弧形，然后用力发出强大的爆发力。

（5）弹踢。移动身体重心到所支撑的腿，右腿屈膝抬起，拉平，大腿和小腿折叠微微向内旋，绷紧脚尖，以膝关节为轴点，快速屈伸弹动小腿，将力量传递到脚背或胫骨，眼睛直视前方。

（五）基本膝法

膝法是指屈膝叠腿，以膝部关节为着力点的一种方法。由于脚法的运动是需要膝关节的配合，因此，在训练和掌握膝法是重中之重的。

（1）直膝顶。直膝顶是直接向上抬高膝关节的方法，左膝和右膝都可以使用。左侧腿作为支撑点，将右侧腿快速屈膝向上高抬，力量直到膝尖，同时收腹部，身体微微往后仰，眼睛直视前方。

（2）横膝顶。横膝顶的基本运动轨迹是呈弧形的，难度系数较大，需要髋部柔韧性好，左膝和右膝都可以使用。右侧膝关节由外侧向内侧呈斜线快速提吸。

（3）跪膝。跪膝是向下沉压的一种膝法，左膝和右膝都可以使用。身体上半部向左转90度，左侧腿屈膝半蹲下，同时右的膝径直跪下，力量直到膝尖，同时侧手可配合着向下出击。

四、练习有氧搏击操的注意事项

（1）要有足够的热身时间让身体流汗和暖和起来，进入运动练习状态。若天气太冷则需加长热身时间。

（2）热身练习之后必须进行伸展练习。每一次都需要伸展身体的主要肌群，特别应加强下肢的伸展。伸展时，以静态伸展为主，每一肌群每次伸展15~30秒。

（3）腹部和下颚要紧紧地收起，两手握拳于面前做防御的姿势，保持平稳呼吸，不需要憋气。

（4）由于是非专业健身者，所以避免进行长时间的训练，应穿插着进行大运动量和低运动量的练习。特别是大强度脚法练习结束之后，建议立即对腿部进行伸展运动。

（5）在侧踢腿过程中，若向前方扭转胯部会让压力集中到膝部，绷紧脚尖也会扭伤膝关节，应该向脚尖方向扭转胯部，以减轻膝关节的侧面的压力。

（6）膝关节不要僵直，要随时保持着弹动动作以减轻缓冲。在扭转身体时要抬起膝盖，如果不这样做，会扭伤到身体上的十字韧带，甚至使其断裂。

（7）不要在拥挤的房间或紧密的人群中进行后踢的动作，避免造成伤害。

（8）肘部和膝部不要用力过猛，避免由于突然闪躲或猛击的动作，导致动作过大而关节脱臼。

（9）若感觉身体疲惫、腿部酸痛、身体局部出现疼痛感、头晕、心率加速等情况，建议立即停止练习。

（10）练习时受伤者应在48小时内进行R、I、C、E的治疗。R代表休息，I代表冰敷，C代表压迫，E代表抬高。受伤后，不要随意移动，要确保受伤部位得到充足的休息。如果关节组织受伤，可能出现发炎的情况，表现为红肿热痛。为了将这些症状降至最低，必须及时采取冰敷和压迫措施。

冰敷的方法：将适量的冰块放入一个可密封的塑料袋中，密封后直接放置在受伤部位15分钟。注意不要敷冰时间过长，休息一段时间后可以再次冰敷。对冰敷过敏者请勿使用此方法。

压迫的方法：使用弹性绷带或布带缠绕受伤部位，缠绕时要特别注意不要缠得过紧，以免影响血液循环。此外，还可以采取冰敷结合压迫的方法，效果也很明显。

抬高的方法：将受伤部位提高至心脏水平以上，这样可以减少血液流向受伤部位，从而减轻肿胀和疼痛。请注意，抬高受伤部位的方法适用于四肢的扭伤或拉伤，但对于其他类型的受伤，如背部或颈部受伤，可能需要采取不同的处理方式。在进行任何治疗之前，最好咨询专业的医疗人员。

第四节　瑜伽的实践训练

一、瑜伽的起源

瑜伽起源于印度，流行于世界。瑜伽一词是梵文“Yoga”的译音，其本意为“人与自然的和谐、相应、统一、结合”，它的内在含义是通过调息、静坐等修行方法使肉体和精神结合达到最和谐的状态，让身心处于稳定、平衡的状态。最早由印度北部的先知者和圣人们（森林隐士）修习。传说这瑜伽修行者静坐在印度喜马拉雅山脉地带的原始森林中，思索人类的痛苦和烦恼的根源。一些瑜伽修行者在森林修炼身心时，无意中发现各种动物患病时能够不经过任何治疗而自然痊愈。因此，这些人学习模仿动物的姿态，并将这些紧张与松弛的姿态结合起来，并运用于人体时，竟然出现意想不到的结果，那就是“体位法”的起源。此外，他们还发现：只要能控制自己呼吸，也能控制自己的生命。

瑜伽在印度有着悠远的历史。古印度婆罗门教（后改称印度教）体系与其有着密切的关系，该教最古老的《吠陀经》就关于瑜伽的记载。古印度哲学的一派——瑜伽派其创始人波颠阇利（Patajali）著有《瑜伽经》，该派着重说明调息、静坐等修行方法。在印度，他们相信通过修炼瑜伽可以摆脱人类轮回的痛苦，其人体内在的灵魂将与宇宙的无上合一。在印度这个国度里是很难把瑜伽与印度教之间区分开来的，无论在生活里还是在寺院里，两者的关系都彼此相互融合。瑜伽是东方最古老的强身术之一，是人类智慧的结晶，迄今已有5000多年的历史。

如今的瑜伽已经有着它更广泛的含义，它不再只属于哲学和宗教的范畴。瑜伽已经有它一套从人的肉体到精神极其完备的修行方式，可以说是印度人民几千年来从实践中总结出的人体科学的修炼法。当然，瑜伽有许多派别与种类，而且不同的瑜伽体系使用的瑜伽练习也各不相同。但是，无论是哪个种类，瑜伽的三个要素，即身体姿势、呼吸、意念集中都应该在练习中得到贯穿，即通过集中意念（冥想）、调整呼吸并做出各种身体姿势来加强与改善人体的各部位，充分发挥人的生理、心理、情绪和精神方面的能力，达到全面促进身体健康的目的。

瑜伽从印度走向世界，始于19世纪60年代。当时在美国芝加哥的一次博览会上，一位名叫维夫卡南达的印度圣人展示了各种瑜伽姿势，首次向西方介绍了瑜伽，并引起了西方世界的浓烈兴趣。此后的若干年里，许多信徒和斯瓦米们（即印度教哲人）从印度来到西方。今天瑜伽作为人类精神遗产被重新得到重视，它对人体的各个方面，如生理、心理、精神等都起到良好的作用，并已作为一种有效的健身运动而风靡全世界。

二、瑜伽练习的特点

（一）集中注意力，调整呼吸

瑜伽体系中包括很多的瑜伽姿势、瑜伽洁净功法、瑜伽松弛功、超脱于心灵功、瑜伽冥想、调息法、收束法和契合法、瑜伽语音冥想等。而瑜伽不是单纯的练功和姿态的练习，而是在优美、安静的环境中通过调整呼吸的一种手段，全神贯注地集中到这项练习，并将其人体内部所产生的感觉上达到人神合一的境界，这就是瑜伽最大的特点。

（二）抛弃杂念，净化心灵

冥想是瑜伽练习的重要组成的部分，冥想就是在排除了杂念之后沉思、静虑的过程。瑜伽要求练习者在宁静的心境下，抛开世间世俗，将一切烦恼，杂念消除，放松大脑，释放出体内的压力和一切紧张情绪，让身心产生一种平衡和安宁，会让人的内心深处产生反思、直觉、灵感和创造意识，从而获得自我意识与宇宙意识的结合体。沉睡的潜在能量才会被唤醒和提升，从而获得更高的开悟和最大愉悦，这就是瑜伽的另一大特点。

（三）结合自然，愉悦身心

瑜伽讲求天人合一，因此修炼者要将自我融入大自然中，呼吸着大自然新鲜的空气同时，模仿和观察动物的习性以及它们的典型姿态，通过练习瑜伽，从动物身上获取它们体内的神秘力量即自然康复能力，以使人的精神和肉体保持健康状态。因此，练习完瑜伽后，不仅身体感觉到舒服，而且精神上会有种愉悦的感觉。

（四）安全有效，方便易行

在瑜伽中有些动作和姿势如果从运动学的规律角度看是反关节的练习，是不利于健康的违例动作，但是在做瑜伽时，要求其姿势动作做得缓慢、着力均匀、步骤分明，每做一个练习都是放松有控制的，是以不超出自身的极限，通过人体所承受力的角度、幅度、力度进行练习，没有强迫性，从而将伤害减小到最低限度。另外，瑜伽练习不需专门的器械和场地，只需保持空气流通、新鲜，周围安静即可，故它是一项非常便于练习的运动。

三、瑜伽练习的功能

（一）缓解精神压力，保持身心平和

人的行为活动、心理变化都和身体的内分泌腺体的活动有着直接的关联。当内分泌失调，人的身心健康就会受到不良的影响。瑜伽练习可以帮助调节

这些腺体的活动，从而防止内分泌失调。由于人体中自主神经系统支配着内分泌系统，所以瑜伽在对神经系统进行调节时也间接地帮助调节内分泌系统，而瑜伽练习可以给体内的腺体轻柔按摩与刺激，通过这些刺激和按摩可使它们保持健康状态，通过意念和自我内心对话的方法减少忧虑与烦扰。瑜伽动作中的弯、伸、推、扭、挤、可以舒缓体内神经，让内心有一个良好的环境，将人从焦虑、急躁、紧张、恐惧中解脱出来，从而提高自信，消除烦恼，使内心得到放松和平和。

（二）提高身体平衡能力

瑜伽练习对调节人体生理功能，如调节呼吸、心率、流汗、血压、新陈代谢、体温和其他一些重要的机制很有好处。瑜伽重建人体功能的平衡效果显著。有些姿势是针对提高人的身体平衡能力。在练习活动的规律性开展下，人们能够获得许多收获，例如，坚韧、平衡、灵活性，一定的免疫力，此外，能够使自身的精神得到安定，疲劳得到消除，进而在睡眠的状态下使人们获得真正意义上的放松与安定。

（三）预防疾病，消除忧虑

随着竞争的日益激烈，工作压力的不断增大，人的心态变化和承受压力比较大，随之而来的心理疾病不断增加。瑜伽练习会使人们的内心变得更平静更平和、没有怒气、没有怨言。这意味着可以较少患上可能由于紧张与忧虑引起的疾病。瑜伽的一些姿势是轻柔地按摩和伸展身体，使身体的每一个部分都得到益处。

四、练习瑜伽的原则

（1）任何运动前都应做热身操，以避免运动损伤。

（2）选择轻松、优雅的音乐，并配以愉悦、平和的心情进行练习，才能达到预期的效果。

（3）每个瑜伽动作都应平缓完成，配合呼吸规律进行深呼吸，帮助练习者放松和舒展身体。

（4）练习时，要保持着内心不存有杂念，不要说话，要聚精会神地去做每个动作，全神贯注在身体被伸展和被刺激的部位。

（5）练习时不要过分勉强，要在自己力所能及的范围内，充分伸展肢体，在有拉伸感的基础上，保证每个动作舒适地完成。

（6）当每做完一组瑜伽练习之后，需要马上做“无空式”来放松身心，做深呼吸动作，一般要求在5~6次。在完成整套的瑜伽练习后，也必须要做“无空式”，一般用10~15分钟，来进行放松身心以及缓解做瑜伽动作时给身体造成的紧张感，帮助练习者进入冥想状态。

五、练习瑜伽的注意事项

（一）教练指导

选择一位优秀的瑜伽教练至关重要。应寻找具有丰富经验、技术精湛、素质高尚，并能在身心两方面给予指导的教练。对于初学者而言，建议从自学基本功和瑜伽基础知识入手；而高级课程则应由经验丰富的教练指导，以纠正错误动作并预防运动伤害。因此，这就需要高校瑜伽教师不断提高水平。

（二）场地选择

瑜伽练习需选择安静、清洁、舒适且通风良好的开阔场地。室内练习时，应确保空间宽敞、通风良好；室外练习则推荐选择自然环境优美的场所，如草地、水边或林间，以营造宁静和谐的氛围。

（三）环境营造

练习瑜伽时，需保持周围环境安静，手机调至静音，避免外界干扰和聊天。可播放轻松优雅的音乐，帮助练习者放松身心，集中思想。

（四）练习时间

清晨空腹时是练习瑜伽的最佳时段。其他时间练习时，也需确保处于空腹或食物已完全消化状态。一般建议饭后3小时或食用流质食物1小时后进行练习。练习后应等待至少15分钟再沐浴，并尽量保持每天在同一时间段练习，每次至少20分钟，每周5~6次。

（五）服装选择

穿着应选择棉质或其他透气性好、宽松的天然面料服饰，简单而不华丽，以便于肢体动作的展开。建议赤脚练习，若感寒冷可穿棉质防滑短袜。同时，应摘除首饰、手表等身外之物，确保练习安全。

（六）休息方式

瑜伽中的休息并非普通休息，而是一种冥想状态，有助于放松身心、获取能量并锻炼意志。练习中的短暂休息应控制在10~30秒之间，以更好地控制体内能量和精神状态。

（七）特殊情况处理

女性月经期可暂停练习或选择轻松姿势；妊娠期间需慎重选择姿势或仅练习呼吸法；大病初愈或手术后需经医生同意方可练习；心脏病、高血压、糖尿病患者及脊柱关节伤病者应在医生指导下适量练习。

（八）练习要求

练习瑜伽时需精神集中，动作缓慢柔和、步骤分明。配合均匀缓慢的呼吸，有助于给身体充电和控制情绪。如遇身体不适应立即停止练习并休息；对于因身体强直等原因产生的不适感，可通过柔和练习来改善肌肉弹性和韧带柔软度。

（九）辅助设施准备

瑜伽练习无需复杂器械和设施，仅需一张防滑性好的瑜伽垫即可。室内练习时还需确保空间开阔、敞亮且温度适宜。

（十）饮食原则

遵循瑜伽饮食原则，选择营养、健康、易消化的食品，如水果、蔬菜、谷物、奶制品、果仁等。练习初期建议早晚餐以素食为主，以保持身体清洁柔软、身心平静并提高免疫力。

六、瑜伽呼吸法

在做瑜伽时最难的是呼吸法的掌握，瑜伽认为人类生存要依赖于自然，生命之源来源于自然界中的空气，人类呼吸空气是最为重要的。因此做瑜伽时要掌握好瑜伽的呼吸方法，有以下三种方式。

（一）胸式呼吸

吸入气息时，将气体吸入胸部，胸骨和肋骨会向外张起，腹部要保持平坦状态。当吸入的气量增多时，腹部会处于向内侧紧收状态，呼出气息时，缓缓地将肺内空气排出体外，体内的肋骨和胸骨回到原位。

（二）腹式呼吸

用鼻子吸入新鲜的空气，将其缓慢深长地吸进人体的肺部最底层，之后将吸入的气量加大，胸部和腹部之间的横膈膜向下沉，腹部中的内脏器官向下移动，小腹就会慢慢拱起来；呼气时，腹部会朝向脊椎方向移动，并产生收紧的感觉，横膈膜这时会比平时向上升，把肺部里的空气全部排出体外，体内的内脏器官部位恢复到原位。

（三）自然完全的呼吸（胸腹式呼吸）

自然完全的呼吸能够提供给身体最充足的氧气，使血液得以净化，并能将体内的二氧化碳最充分地排出体外。这种呼吸能够温和地按摩腹腔器官，增进其机能，促进体内循环，防止呼吸道的感染，更重要的是能让心灵清澈。

做法：缓缓吸入一口气息，会感觉到体内横膈膜向下沉，腹部完全拱起。之后，肋骨处向外扩张开到最大限度的状态，肺部继续吸入氧气，胸腔完全张开，胸部上提，吸满气后，缓缓地呼出，放松胸腔，将胸部里满满的气缓缓地呼出。最后慢慢地收紧腹部，腹部向内凹进，像肚脐靠到了后背一样的感觉，将气完全呼尽为止。

（四）呼吸的功效

现代医学研究证实，缓慢、受意识所控制的深呼吸可以提高人体内碱性物质的含量，同时会使人的心率提高，还有利于体内血液加速循环，这样可以供给人体更多的氧气，血液会将氧气和营养素输送给全身各部位细胞，保持人体健康。

七、瑜伽坐姿

（1）散坐（即盘坐）。将双腿自然交叉在一起，左脚压右腿或右脚压左腿下，同时挺直身躯，下巴紧收，目视前方。

（2）金刚坐。双膝跪在地上，两条小腿的胫骨和两脚的脚背平稳地放在地面；将两膝、两脚、两小腿紧紧靠在一起，脚趾朝向后方；伸直身体的脊背，将臀部放到两脚的内侧也就是说放在分开的双脚之间。

（3）半莲花坐。席地而坐，两腿向前方伸展，左侧小腿弯曲并让左脚的脚底掌紧紧贴着右侧大腿内；将右侧小腿放在左侧的大腿上方。

（4）莲花坐。席地而坐，两腿向前方伸展，右腿弯曲，将右侧大腿放在左侧的大腿上，脚心朝上方。再将左侧腿曲起，左侧腿放在右侧的大腿上方，脚心朝上。

（5）长坐。席地而坐，两腿向前方伸展、合拢，伸直，背部直立，不要弯曲，头部摆正，眼睛直视前方，双臂自然垂落，放于身体侧或放在腿上方。

提示：同一种坐姿（除长坐外）都要进行左、右两腿交换练习。每次做完瑜伽动作之后，都要按摩两膝、两大腿、两小腿和两脚踝。

要点：头部、颈部和躯干都应该保持在一条直线上，要端正，不要耸肩，做莲花坐时要尽力保持两膝紧贴在地面上。

八、瑜伽组合练习

（1）站立（预备姿势）：双臂体侧自然下垂，并保持呼吸3~8次（下面每个动作的练习中，都要保持3~8次的呼吸次数）。

（2）左腿单站立，右脚放在左脚背上，双手体前合十。

（3）左腿单足立，右脚放在左脚背上，双臂合十向上伸展。

（4）右腿弯曲，右脚掌贴于左腿内侧，双臂合十向上伸展。

（5）右腿膝盖打开，小腿内收向上抬起，用双手分别抓握右腿的踝部及膝部。

（6）右手经体后抓握右脚尖，左臂侧平举。

（7）双臂打开侧平举，右脚放在左腿上，左腿稍屈膝，上体前倾。

（8）右腿放下，左腿向后屈膝，大、小腿充分折叠，同时左手抓握左脚脚尖，右臂前平举。

（9）左手抓握左脚尖，使左腿充分向后伸展，身体保持平衡。

（10）还原至直立，双手体前合十，然后还原至预备姿势。

第五节　普拉提的实践训练

一、普拉提的起源和发展

普拉提的名称是由其创始人的名字而来。它的起源要追溯到第一次世界大战中的集中营。普拉提（Pilates）不是一项新创的运动，它是一项约有八十年历史的运动疗法，取名于创始人约瑟·亨伯特斯·普拉提（Joseph Hubertus Pilates，简称Pilates），他是德国人，1880年出生，自小体弱多病，为了让这些疾病得以治疗，康复，他曾进行健美操等各类体育运动项目，并钻研东西方不同类型的运动方法，之后他创造出了这种独特的健身术，即普拉提。据说当时年仅14岁的他，体格已结实得足以当解剖学图片拍摄的模特儿。

1912年，普拉提先生移居英国。在第一次世界大战期间，他用自己创造的这种独特有效的健身术，帮助了大批战俘身体恢复健康，效果明显，从而闻名于世。

战后他回到德国与警方合作，继续钻研他的运动疗法，但由于他的政治理念与政府不合，导致与政府合作的时间并不长。1926年他决定离开德国移民美国，就在前往美国的船上，认识了妻子克拉拉。他们夫妇创立了普拉提工作室，专门为一些有名的舞蹈家、演员、运动员提供健身服务，并针对他们职业的特殊性单独为他们设置特色的运动疗法。由于效果在当时非常好，口碑越来越高，这项运动在美国流行开来，后来更逐步获得世界各国及各界的认同。

最初的普拉提相比，如今的普拉提健身方法虽然在方法上有很大的变化，但在基本原则和训练目的还是始终如一地遵循着最初的理念，那就是身与心的双重修炼。

在20世纪三四十年代，普拉提训练法被美国“舞蹈协会”接受并认可。由于专业的舞蹈训练中，有很多运动动作强度非常大，舞蹈中的很多姿势违背了人体的生理规律，所以很多专业舞者的身体都带伤病，特别是有腰部疾病的人占大多数。普拉提训练法在给带伤病的专业舞者进行身体康复的过程中，起着积极作用。随后，普拉提相继被体操、跳水、田径等运动列为特殊的训练项目。直至1960年左右，Pilates夫妇一直是采用亲自教学的模式来经营，因当时工作室在知名的艺术圣地纽约，所以吸引了许多职业舞者前来学习，当中包括全世界知名的拉班舞谱发明人鲁道夫·拉班（Rudolf Von Laban）、著名现代舞蹈家玛莎葛兰姆（Martha Graham）和芭蕾舞蹈家乔治·巴兰钦（George Balanchine）。舞蹈家汉雅·韩姆（Hanya Holm）甚至将一些普拉提的动作融入自己的舞蹈教学中，成为流传至今仍受到舞蹈界肯定的舞蹈技巧“Holm technique”。因为普拉提不仅能有效地预防练习舞蹈的伤害，还针对专业舞蹈的特殊要求，进行动作和肢体调整的训练，如平衡感、肌力、柔软度、协调性，使得许多专业舞者成为从事普拉提教学的资深老师。目前普拉提获得世界各国及各界的肯定并掀起一股浪潮。

二、普拉提的特点

普拉提的特点主要表现在以下几个方面。

（1）简单易学。普拉提没有复杂的动作的组合，简单易学，利于掌握。

（2）刚柔并济。普拉提运动把东方的柔韧和西方的刚毅二者融为一体，其动作缓慢且清晰，而且每做一个姿态时都必须与呼吸相协调。

（3）具有较强的实用性。普拉提可以不受场地的限制，也不需要大器械，而且效果明显全面，因此它的实用性强。

（4）具有较高的科学性。由于普拉提是将东方和西方运动之精华合二为一，融入了古老的瑜伽和太极的理念，将最为典型的呼吸、冥想、柔韧、平衡与音乐有机结合在一起，吸取了其中的精髓，并且兼容了当时的心理学与生理学的相关研究成果，其中包括现代运动科学及康复学，是很科学的健身理论。

（5）具有较强的全面性。普拉提练习的动作虽然看起来并不剧烈，但它的平稳而舒缓的动作是全方位的。它针对身体各个部位进行锻炼，让其充分地紧绷和拉伸。

（6）是一项安全性较高的运动。普拉提的运动平缓，并不剧烈，几乎不会让人体的关节和肌肉部位受到伤害。与此同时，普拉提的动静结合的动作，可让身体时而紧张时而放松，在步伐上也有很多变化，另外它以瑜伽的打坐、冥想的方式用来调整自己的呼吸，这样会让练习者很容易控制自己的身体，减少由于错误姿势而对身体造成的负面作用。因此，在安全方面，普拉提是系数最高的运动项目之一。

（7）注重防止静止控制。普拉提动作特点是强调对身体的静止控制，让训练者在增强肌肉力量的同时却不让其体积变大。菩提拉运动强度虽然不是特别大，但它非常讲究控制、拉伸和呼吸。这些对女性的腰、腹、臀等重点部位的塑造有很大的帮助，效果十分显著。

三、普拉提的功能

（一）改善肢体的柔韧性，纠正不良姿势

普拉提可以使身体变得平滑、柔软、匀称、优美，增强身体的敏捷度，同时可以帮助改善因长期不良姿势而造成的背部疼痛。拉伸练习也是普拉提

训练中的重要组成部分，吸取了瑜伽的一些姿势，将节奏带入到姿势的转换中，它不仅有利于人体塑形，还可以加强肌体器官的功能。

（二）增强肌肉力量，塑造优美体形

普拉提练习注重的是在静止中的控制过程，目的是让训练者在增强肌肉力量的同时却不增大肌肉的体积，使得肌肉充满弹性，普拉提运动对身体的塑形非常有效。

四、普拉提的训练原则

（一）专注力

普拉提运动疗法是融合肢体和心灵的运动。

专注力对身心的重要性是不需要质疑的，它有利于理清思绪、集中精神、培养冷静处理突发状况的能力。在普拉提练习的过程中，必须要保证每一个动作都是全身心投入的，在保证动作准确度的同时，还要对身体动作观察的敏锐度进行培养，从而对自身姿势正确性评断与动作自我纠错等多项能力得到培养。

（二）控制力

运动时若对动作无控制力，不但无法从运动中受益，反倒容易造成伤害。普拉提的运动疗法没有随性或偶然发生的动作，每一个动作都是经由意识的引导，例如头的位置、背部的弧度、手指的方向、手腕弯直、膝盖的面向，而非听凭身体的摆布。

（三）流畅感

想要有优雅的举止，就得从动作流畅感的训练做起。僵硬的肢体动作通常是因为肌肉过度紧绷，限制了关节活动范围或是因肌力无法支撑肢体所造成。如果想拥有芭蕾舞般的优雅身形，并改善僵硬的肢体动作，则得从矫正身体的不平衡做起。

（四）核心

运动疗法中的“核心”是指肋骨以下至骨盆的部位，这个部位又称作能量室。加强此部位的肌肉群可提高身体的稳定性及全身姿势的正确性。例如常穿高跟鞋的女士，因身体的重心前移，而造成骨盆前倾。小腿、大腿的前侧肌肉紧绷，若腹肌又不够强壮，无法稳定骨盆的位置，则相当容易造成腰部的负担，引起腰椎疼痛等问题。骨盆部位的肌肉群包括了腹肌、背肌、臀肌、髋关节屈肌、髋关节伸展肌与髋关节内外侧肌，而这些肌肉群也是普拉提运动训练的重点

五、普拉提的益处

（一）有利于体型的塑造

普拉提的运动强度不是很大，但它注重每个动作的控制练习，对人体的腰、腹、臀部位有塑造形体功效。对于减肥，普拉提表现出来的持久性与稳定性比一些有氧运动更强。

（二）有利于脊柱的生理功能恢复

我们的脊柱随着年龄的增长，会出现骨关节退行性改变。特别是现代人的工作生活压力越来越大，长期伏案、久坐的人越来越多，他们没有过多地去关心自己的脊柱，因而出现脊柱病变的人越来越多。在生活中脊柱承担着人体活动所带来的压力。其实脊柱本身并不存在活动能力，它的运动主要来源附着在脊柱周围的韧带和肌肉。普拉提训练法主要进行腰背肌以及深层肌肉力量的提升练习，健身者通过对腰背部肌肉的训练，可使脊柱周围肌肉和韧带的力量变强，这样会很大程度地加强了脊柱安全性，有利于保护、恢复正常脊柱生理弯曲。

（三）对于压力的缓解较为有效

普拉提训练的动作能够让人的身心处于平缓，稳定的状态，缓解紧张的情绪和压力。在做拉伸和加强肌肉练习的时候，还可以促进血液循环系统加

速运转，提升身体机能。它的动作让练习者感到平静、协调和有活力，有利于身心的健康。

（四）提高平衡性和协调力

人在四五十岁的时候，平衡性会退化，那是因为肌肉的已经处于萎缩失去灵敏性的状态。普拉提练习可以让练习者身体延缓衰老，普拉提运动有助于保持练习者身体平衡性和协调性，锻炼到的深层的肌肉。

六、普拉提动作解读

（一）弯曲颈部

（1）仰卧在垫子上，两腿分开，与胯同宽；腹肌收紧，骨盆保持中立，肩胛骨紧贴地面，胸部打开。

（2）伸长后颈部，下巴轻轻贴近前胸；吸气，用腹肌的力量将头向上，向前稍微拉起。

（3）呼气，还原到初始位置，头部依靠腹肌来控制。

（二）弯曲腹部

（1）仰卧在垫子上，两腿弯曲，与胯同宽；两手平放在地板上，手心朝下；吸气。

（2）伸长后颈部，收缩腹肌，两手枕在脑后。

（3）吸气，同时以两手扶头，连肩胛骨在内向上翘起。

（4）朝骨盆方向放松前部的肋骨和胸骨，两腿伸直；吸气时保持姿势不动，骨盆保持中立，脊柱和脖颈伸直；呼气，还原到初始位置，收紧腹肌。

（三）伸腿练习

（1）仰卧在垫子上，两腿与胯同宽，左腿弯曲，右腿伸直；腹肌收紧，骨盆保持中立，肩胛骨紧贴地面，胸部打开。

（2）吸气，右腿抬高，与骨盆呈45°，同时骨盆保持中立，脊柱放松。

（3）呼气，右腿还原到初始位置。始终收缩腹肌，肩胛骨不能离开地面；

完成后换左腿重复以上动作。

（四）桥式练习

（1）仰卧在垫子上，双腿弯曲并保持平行，两手平放在身体两侧，掌心向下。吸气时，肩膀向肋骨方向下沉，背部保持挺直，同时收紧腹部肌肉。

（2）呼气时，将骨盆抬起，使其与脊柱的中部平行。在抬起的过程中，继续收紧腹肌，并确保肘部和脚跟稳定，双脚脚掌完全贴地。

七、普拉提和瑜伽的区别

普拉提是一种哲学，是通过身体的练习达到一种境界。它有很多练习姿势，包括模仿动物姿势，并且针对内脏进行练习。

而瑜伽和普拉提不同的是它主要强调呼吸与运动之间的配合度，是一种静力性的运动。瑜伽在锻炼过程中注重肌肉原本的运动和呼吸调控调节，把集中点全部集中到肌肉上进行，更容易塑造形体美。

第六节　健身街舞的实践训练

一、健身街舞的起源与发展现状

（一）起源

所谓的Hip-Hop其实就是各种街舞的总称。如果我们从舞蹈的观点来看，以年代、动作或音乐类型来做区分，街舞可以分成Old School（旧派）和New School（新派）两大类。Old School的舞蹈又包含Locking（锁舞）、Poping（机器舞）、Breaking（霹雳舞）、Wave（电流）等不同风格的舞蹈模式。街舞起源于美国街头的舞者随意的即兴舞蹈动作，这些在街头跳舞的人主要以黑人和墨西哥人为主。黑人及墨西哥人在街上娱乐、跳舞，自然而然形成各种派系，也很自然地在他们所跳的舞蹈上发展出不一样的风格。

（二）发展现状

早期Old School的音乐有非常快的节拍，以匹配这些 Breaking的动作，而后随着Hip-Hop音乐的演进，出现了音乐节拍比较慢的NewSchool风格。人们开始了解到 New School、Hip-Hop的音乐并不适合这些Breaking的动作，于是Old School 与New School的舞蹈就开始分家了。早期（20世纪80年代）的New School的舞步非常简单，只有“滑步”等简单的动作。1992年，出现了一个叫作Mop Top的黑人舞蹈团体。他们发展出一种新风格的Hip-Hop。这种风格的Hip-Hop的动作中没有早先那种很大动作或大范围式的移动，更没有霹雳舞中那些在地上类似体操的动作，它独有的风格在于注重身体的协调性，重视身体上半身的移动，并增加了许多手的动作。这种新风格的舞蹈伴随着各国流行歌曲及MTV的发展，在全世界慢慢地流行开来，所以在各个国家所表现出来的风格也会有差异。只要是关心西洋现代音乐的人都知道，所谓的黑人PAP/Hip-Hop音乐目前不但早已摆脱黑人小众文化的色彩，而且成为可以和音乐、摇滚乐、舞曲相抗衡的音乐流派，它甚至已成为排行榜的常客，在乐坛占有一席之地。与这股Hip-Hop音乐息息相关的服饰、街舞、滑板、运动用品等也同时日益扩大其影响。

在亚洲地区，日本、韩国受Hip-Hop影响最深，而中国的音乐爱好者认识Hip-Hop，多受到来自韩国的组合酷龙和H. O. T的影响。他们把来自美国的Hip-Hop文化移植到自己的音乐甚至是服饰里面。如果留意观察，可以见到不少穿着宽宽大大的T恤衫与板裤的年轻男女，他们大都在20岁以下，玩滑板车、跳黑人舞蹈，一副美国街头青少年的模样。这一切表明，一股Hip-Hop风潮正以不可阻挡之势迅速风靡于时尚的年轻人中。无从考证美国人把Hip-Hop搬进健身房里的具体时间和缘由，但中国把Hip-Hop设在健身房有非常科学的依据，最初在日常训练中，把Hip-Hop当作提高协调能力、培养表现力的重要训练手段，有时也会做表演之用，往往受到人们的喜爱。随着Hip-Hop的风靡，加之它的难度不大，强度适中，有很好的健身价值，于是被健身房采用，至今影响颇好，已成为内地非常时尚的健身方式。

二、健身街舞的特点及功能

（一）特点

街舞是以流行舞蹈作为素材而创编的。它充满现代感、时尚感、动感，还有很强的观赏性和娱乐性。街舞缺少不了有节奏的音乐，现代、新潮的、不同风格的音乐带给街舞编导不同的灵感与发挥空间，街舞的音乐风格十分多样化，甚至有些夸张，节奏快慢的变化明显。在动作上，身体移动与停顿的衔接合理，舞姿的随意度大，夸张性强，随意、松弛、多变，尤其是变化无常和非对称性的动作，使街舞的风格更加多元化，舞者还可以根据自身的特点和喜好，将简单的动作组编成一套能展示自己个性的街舞组合。街舞正是由于它的随意、个性、激情，受到越来越多年轻人的青睐和喜爱，并逐渐形成一种街舞文化。

（二）功能

1. 街舞具备有氧运动的功效

街舞的动作都以流行舞蹈动作为素材的，能够充分锻炼到身体的各个部位，另外这些动作对人体关节、骨骼、肌肉都没有伤害性。成套街舞在教学和练习过程中，运动持续不断，而且强度适中，除改善心肺功能外，同样能达到去脂减肥的目的。

2. 街舞的重要意义在于对心理的调节作用

街舞的训练多以小组或群体练习的形式出现，配上动感强的Hip-Hop音乐，营造了愉快的、轻松的气氛。好的街舞老师会让他的学员既是一个学习者，又是一个表演者，在镜子面前，充分展现自我，所有压力、自卑、郁闷都会尽抛脑后。在现代都市生活中，来自学习、工作、家庭等方面的竞争、压力都会给很多人的身心带来不良影响，街舞这一独特的锻炼方式，可以改善人的心理状态，让人得以轻松，负面情绪得以改善。街舞曾被很多人评价为：“唯一一项让人带着笑容进行训练的运动项目。”

三、健身街舞基本动作

（一）膝关节弹动

两腿并立，膝关节自然屈伸，两臂于体侧自然下垂。

（二）踏步

两腿并立，两腿依次踏地，膝关节自然屈伸，两臂屈肘于腰间，两臂自然前后摆动，两手半握拳。

（三）含胸

预备姿势：两腿并立。

（1）右腿向右一步，重心在两腿之间，同时做展胸动作。

（2）左腿并右腿，同时做含胸动作。

（3）前半拍，做展胸动作，同时右腿向右走一步。后半拍，做含胸动作，同时左腿并右腿。

（4）前半拍，右腿向右一步，做展胸动作。后半拍，左腿并右腿还原。两臂：右臂屈肘90度，随含展胸动作做前后摆动，右手五指分开。掌心向前。左手五指分开，扶左髋。

（四）顶肩

预备姿势：两腿开立，比肩略宽。

（1）向上顶右肩，同时右手半握拳、右臂屈肘，随右肩自然摆动，左臂自然下垂，五指自然分开。

（2）向上顶左肩，同时左臂屈肘随左肩自然摆动，左手半握拳，右臂自然下垂，五指自然分开。

（3）向上顶右肩两次。

（五）绕肘

预备姿势：两腿并立。手型：食指剑指。

（1）右脚踏步，右臂肘关节由内向外绕360度至右臂侧平举。

（2）左脚踏步、左臂肘关节由内向外绕360度至左臂侧平举。

（3）右腿向后一步，同时右腿由内向下绕180度，自然下垂。

（4）左腿向后一步并右腿，同时左臂由内向下绕180度，自然下垂。

四、教学要求

（一）初级课

在街舞的初级课上，主要让学员掌握音乐节奏特点和基本动作。可以将基本动作编成简单的套路进行练习。这种套路包含的动作一般较少，而动作的对称性较强，学员比较容易掌握，也容易形成记忆。这是街舞学习者入门的第一步。

（二）中级课

与初级课程相比较，本级别的课程的动作内容要多一些，动作由简单变得较为复杂，增加了简单的跳跃动作，转体运动等技能性较强的动作。

（三）高级课

到了高级课程上，动作变化更加多样，内容更加丰富，还会增加一些更为复杂的技巧性动作。可以说本级别的课程要求学习者具有好的身体素质，而且年龄最好不要超过40岁。

五、教学步骤

（一）选择音乐

选择合适的配乐是上好这门课的重要的前提条件。Hip-Hop音乐是街舞的灵魂，选择音乐首先要从音乐的韵律和动感来考虑和判断音乐的强烈程度是否来符合编排的动作。其次，将音乐的节拍进行整理分类，对应搭配在教学不同等级练习。通常在准备部分和分解教学部分时，会选用的音乐节拍较慢的音乐。

到学习成套动作练习阶段时，会选用音乐节拍速度相对快一些的音乐，这样能够让训练的强度达到高峰，也会让练习者的情绪达到高峰，产生激情。在放松阶段，则最好也用Hip-Hop音乐，但建议要选择节拍较缓慢而且具有抒情色彩的音乐，让练习者体验健身街舞放松感觉。

在动作的创编过程中必须把握以下几个原则：

（1）动作要与节奏匹配。

（2）禁止将违例动作编排在其中，以免使学员受伤。

（3）需要将编排的动作通过文字说明或者动作图解的方式进行简要的记录。

（二）课上部分

1. 热身部分

在这一部分的练习中，将分解出的单个动作进行教授和练习，使学员基本掌握动作要领。采用分解教学法，在讲解的同时，配合以镜面、背面和侧面等多种示范法。

2. 主要部分

这一部分需要把握以下几个教学特点：用“滚动式”教学法，将单个动作组成成串动作，再将各8拍动作自然连接成组合动作，从而过渡到成套动作。这样的教学方法，可以保证每节课都有连续练习的动作，以确保一定的运动量和运动强度，也使学员掌握完整的动作要领，提高练习的兴趣。运用“情感式”教学法，将自己对音乐的体会、理解以及创编时的想法通过形体语言、比喻、夸张等多种方式传达给每一位学员，并给学员留有一定的想象、发挥空间，以此把街舞的个性化、风格化的特色充分展现出来。运用提示、引导和鼓励性的语言，把握课堂气氛。活泼、热烈的气氛是一堂成功的街舞课的重要标志。首先教师应将自己融入其中，用极其形象的语言提示动作感觉，引导和鼓励学员充分展现自身的活力和个性。比如：当你发现有一些学员动作放不开时，你可以这样说：“嘿！请大家看看镜子里面，你就是最棒的，你的动作最地道。让我们试着把动作放开……瞧！这样做是不是很棒？”

3. 整理部分

在这部分里，需要把整体动作的节奏和热度慢慢降下来，我们在这时可以采用抒情的音乐做背景音乐，选择一些较慢、柔软的动作，让学员放松，并配合着有节奏地呼吸，体验街舞松弛动作的特点。

（三）课后部分

在一节课中，有可能在自身教学中发现在编排动作上或者配奏选曲上存在一些问题，结束后需要及时记录下来，并加以修改。请一定不要忽视这个环节的工作，如果长时间坚持做记录，它会帮助教师提高教学能力。

六、街舞的特色教学方法

（一）示错法

在授课过程中，如果发现学习者在动作上出现了较为明显的错误时，老师可以通过动作对比的方式进行纠正，帮助学习者正确地习得和理解错误的所在。因此一般这种情况多用于试错法。

（1）当学员在学习过程中出现了带有明显的健美操或其他舞蹈特色的动作时，可利用示错法将这样的动作模仿出来，以纠正错误并加深其对街舞动作特色的理解。

（2）当学员的动作力度、律动感不强时，也可酌情使用示错法加以纠正。

（3）当学员的错误动作具有伤害性时，也可酌情使用示错法指出错误，并讲明利害关系。

（4）当动作路线、方向、位置出现明显的错误时，使用示错法纠正，效果也是比较好的。

（二）辅助动作教学法

在中级、高级的街舞课中，有一些较复杂的动作。如果教师直接进行示范讲解，学员掌握起来十分困难。为了确保街舞课中的“有氧性”这一特点，可以通过一些辅助动作练习过渡，使学员轻松掌握原套路动作。一般地，在下列情况下应使用辅助动作教学法：

（1）对于节奏变化复杂、律动感难以把握的动作，可以编排踏步击掌等简单动作帮助学员掌握。

（2）对于路线、方向变化复杂的动作，可将原套路动作的路线、方向简化后进行分解练习，待基本步伐掌握后，再加上方向变化，这样学员掌握起来更容易一些。

（3）对于重心变换复杂且发力方法不好掌握的动作，应选择一些与原动作相似且简单、发力单一的辅助动作先进行练习，待学员掌握该动作的技巧后，便可以顺利过渡到原套路动作的教学过程中。

第七节　啦啦操的实践训练

一、啦啦操的文化内涵

（一）凸显热衷自由、奋斗进取的竞争精神提倡团队精神并非不要个性

毋庸置疑，啦啦操需要明星、需要个性。个性的张扬，激发队员们编排的想象力和创造力。但是，啦啦队却容纳不得极端个人主义的英雄。即使是天才，也必须学会服从、友爱和配合。因为啦啦操作为一项集体运动项目，比起个人项目来说，队友间更需要信念的一致和精神的统一，需要技术的配合和步调的协调，还需要逆境中的相互支持。啦啦操宣言中提道：我们胜利的源泉就是团队协作、相互支持。而永不言败是我们永远的信念。

在啦啦操的队形编排中，当你想集中展示队伍中的几名队员时，保龄大头针式编排很适合。因为保龄大头针所创作的图形效果，使人们注意前排的人。保龄大头针底部的队员，他们个人技术相对薄弱，通常安排在观众与评委的非集中视野范围内，他们还需要加强训练以增加队伍的得分因素。

（二）集中体现健康快乐、积极向上的精神

啦啦队能给人们带快乐向上的感觉。在啦啦队的每一位队员身上都散发着

青春的魅力，这种魅力是由内而外，发自内心的。他们无论是在比赛还是生活中，啦啦队队员都会将时尚、清新、阳光、健康的一面展现给人们，啦啦操是积极向上、快乐健康的最好展现，时时刻刻都将青春一代的风采展现给社会。

二、啦啦操运动的倒立类技巧动作

倒立是啦啦操难度动作中翻腾、软翻等动作的基础，是啦啦操技巧动作中最基础的动作。通过倒立训练，除了能增强上肢支撑力量，提高上下肢协调能力外，还有一个显著的功能，能够促进人体大脑前庭（平衡器官）的功能，培养运动员头朝下时清晰的方位感觉。

（一）背靠墙倒立

1. 动作方法

（1）准备姿势：面对墙站立，距离墙壁约一步半。

（2）动作过程：①左腿向前迈半步，同时两臂前平举，手指向上，掌心朝前，五指稍分，眼看拇指。②上体前屈，两手在脚前30至50厘米的地面撑地，两手距离与肩同宽，稍抬头，手指正对墙壁。③右腿向后上方抬起，当抬起最大的角度时，左脚用力蹬地，当身体接近到垂直位置时，左腿缓慢靠拢右腿，成手倒立。④身体倒立时，两臂伸直撑地，含胸、立腰，掌握身体重心。

2. 注意事项

（1）倒立时，应始终保持手臂伸直，眼睛看手，含胸、立腰，身体重心向上拔。

（2）避免憋着气或者用嘴呼吸，应保持平呼轻吸。

（3）倒立时间要循序渐进增加，但不宜过长。尤其对于初学者而言，倒立时间要适当，以防受伤。倒立一般以一至两分钟为宜。时间过长的倒立，会造成血液积于头部和两臂，上肢肌肉凝固僵直，所形成的肌肉感觉僵硬。因此，倒立以一至两分钟为宜，再配合俯卧撑、推倒立等运动性的力量素质训练，对于练习者增长上肢力量是有效且安全的。

3. 保护方法

初练倒立时，因动作发力不协调，难以独立完成倒立，则可在教练的保护帮助下完成。教练站在运动员身体一侧，待队员踢腿成倒立时，帮助其摆动腿向上摆动，待靠墙后将其固定，然后帮助蹬地，腿快速跟进至倒立位置，最后帮助其固定两腿，保持倒立位置。

（二）控倒立

1. 动作方法

练习控倒立要在熟练掌握靠墙倒立的基础上进行。由脚尖紧贴墙面，慢慢过渡到用手臂支撑的倒立。

2. 易犯错误

（1）身体的重心向前倾。

（2）身体的重心向后倒。

不论出现上述任何一种情况，都要手撑住地面，稍抬头，顶肩，提臀，两腿伸直，脚尖上顶，使身体重心向上，并用两臂向内夹的力量来调节身体平衡，以克服身体重心移动的现象。如当身体重心前倾时，就要用抬头克服身体前倾，用手腕根部撑地维持平衡；当身体重心后倾时，稍低头，肩部前送，用手指用力抓地来维持平衡。

（三）头倒立

1. 动作方法

（1）准备姿势：全蹲，两手撑地。

（2）动作过程：①身体前移，用前额于两手前撑地，使两手和头部成三角形。②脚尖蹬地，两条腿向上伸展，绷起脚背部，提臀，将腰部直立，成倒立姿势。

2. 易犯错误

两脚蹬力过大，造成突然向前翻倒。

3. 保护方法

教练员站在队员侧面，待队员两脚蹬地时，扶持腹部和腰部，以防向前翻倒。

（四）蹬倒立

1. 动作方法

（1）准备姿势：全蹲，两手于两脚前撑地，眼看前方。

（2）动作过程：直臂顶肩撑地，肩背相应前移，身体重心落在两肩上，上提髋腰，腿由弯曲轻轻向上伸踹，翻臀、展髋，成倒立姿势。

2. 两臂要注入力量，做支撑，两腿弯曲下落，脚掌轻轻着地

3. 易犯错误

（1）两脚蹬地过猛或提臀动作过早，而造成向前翻倒。

（2）两腿上踹后，不能及时控制。

4. 保护方法

教练站在练习者侧面，待练习者两腿上蹬时，扶持腹部和腰部，以防向前翻倒。

（五）提倒立

1. 动作方法

（1）准备姿势：两脚开立，略比肩宽。

（2）动作过程：①体前屈，直臂撑地，上提髋腰。②当两脚离地后，侧分腿，向上翻臀。③两腿由分腿向上并拢成手倒立。

2. 注意事项

（1）两脚不要主动蹬地，两腿不能弯曲上伸，这样才能锻炼腹背肌和两臂支撑的力量。

（2）教练站在练习者对面。待练习者体前屈两手撑地时，教练用两手扶住髋两侧，在练习者两脚离开地面的同时，向上提臀，帮助其倒立。练习者成倒立后，教练握其小腿，以维持平衡。

三、技巧啦啦操的滚翻类技巧性动作

滚翻类技巧性动作是啦啦操中常见的一类表现技巧难度的动作，啦啦队运用的滚翻类动作着眼于产生的视觉效果和体现的能力与技巧，运用的本意

不同于竞技体操的翻滚动作。

（一）前滚翻

1. 动作方法

（1）准备姿势：由半蹲开始。

（2）动作过程：①脚跟向上抬起，前脚掌轻轻着地，双手在身体前方撑地，两臂稍做弯曲。②身体的重心要前移出大约两臂时，双臂双屈低头，放到头后部、颈、肩、背依次向前滚翻。③身体翻滚到背部着地时，顺势将腿屈膝双手抱住双腿。尽量使膝盖与胸部相贴，使滚翻圆滑。④当双脚落地时，双臂向前方举起，直立腰部；同时双腿伸直，成站立姿态。

2. 注意事项

（1）翻滚过程中，使头后部、颈部、背部和腰部以及臀部依次触及地面。

（2）翻滚时头要正，两手的推地力量要均匀、一致。

3. 保护方法

教练在练习者的侧边，待练习者向前翻滚时，用一手压住练习者的背部，一手推其臀部，辅助练习者前滚翻，随即扶持练习者腰部站稳。

（二）后滚翻

1. 动作方法

（1）准备姿势：由蹲撑开始。

（2）动作过程：①上体前倾后，两手立即推地，上体迅速后倒。两臂弯曲举至肩上方，手掌心向上，手指朝向后方，带动身体向后方滚翻，双腿弯曲向上方提，双膝盖紧靠胸部，含胸，收腹，向后滚翻。②身体翻滚到肩部着地时，双手顺势倒立于地，手掌心向后方，手指靠近肩部。③向后侧滚翻到身体颈部、后脑着地时，双手迅速推地，要将脚掌着地成全蹲的姿势。

2. 注意事项

（1）后滚前，在身体重心前倾的同时，应立即用手推地，上体迅速后倒，顺势向后翻滚。

（2）向后滚翻过程中，臀部、腰部、背部、肩部以及两手和头后部依次触及地面。

（3）要减轻头后部着地的负荷量，两手必须快速而有力推地，使后脑部轻轻触及地面。

3. 保护方法

教练将手放在练习者的腰部，帮助其完成动作。

（三）后滚翻倒立

1. 动作方法

准备姿势由蹲撑开始；做后滚翻动作，身体后滚至头后部着地时，两臂用力撑地，抬头；同时两腿快速向上伸，绷脚，立腰，展髋，使身体后倒滚成倒立姿势。

2. 注意事项

（1）两手撑地，抬头与两腿向上伸的动作要同时进行。

（2）后滚倒立时，两手用力撑地，立腰，控制身体。

3. 易犯错误

（1）手撑地后，伸腿动作过早或者过晚，都会造成身体前倾或后倒。

（2）倒立后，两臂弯曲，两手移动。

4. 保护方法

教练站在练习者的斜后方，待练习者后滚至向上伸腿时，立即握住两小腿向上提，帮助其完成倒立动作。

（四）侧手翻

1. 动作方法

做侧手翻的先决条件是，练习者必须掌握手倒立。练习者两脚前后站立，两手前平举。上体侧转前压，两手依次撑地，随即两腿依次向后上蹬、摆。经倒立部位后，依次以手、脚的顺序着地。

2. 保护方法

教练站在练习者侧面，将手放在练习者的腰部，帮助其完成每个动作。

（五）前手翻

1. 动作方法

练习者在助跑后起跳，上身向前方压下，双臂向前伸，撑地，同时一腿向后摆，另一腿蹬地面。接近倒立位置时，两腿并拢，经倒立后，迅速向前上伸髋，同时顶起、推手、挺身翻转成站立

2. 保护方法

教练待练习者手撑地时，将一手放在腰部，另一手握住手臂，帮助完成动作。

（六）后手翻

1. 动作方法

以站立姿势，双腿下屈，同时双臂向后方摆，随后双脚蹬离地面同时双臂快速向后上方摆。通过手倒立后，快速向肩部顶，推手，提腰，屈髋，双腿快速向下压着地。

2. 保护方法

教练将一手放在练习者背部，帮助其向后蹬跳进入手倒立的过程。另一只手放在其腿部后侧协助其手倒立。

四、技巧啦啦操的托举动作

（一）托举动作队员的组成

1. 底座

由支撑同伴的队员组成，底座的责任是给予坚固的底部支撑，同时辅助尖子队员落地。底座站在地面，他们必须随时准备移动，而且要为保持托举动作的牢固做好调整姿态的准备。底座必须在托举时固定、控制住腿与胳膊。底座要精确地安排时间，把托举动作做得精准与轻松。如果两名底座队员在身高和体重上接近，完成特技相对协调轻松。

2. 尖子队员

尖子队员的责任是漂亮地完成造型动作。要求尖子队员有很好的身体意

识和控制能力，在托举动作中，尖子队员要在整个过程中稳定地完成造型动作，包括从空中落下至整个造型动作结束。

3. 保护者

保护者主要责任是保护尖子。保护者始终在地面上，其在托举动作中协助底座和尖子并给予额外的支持和稳定。保护者在托举过程中控制时间的安排，因此保护者必须集中精力，及时保护尖子队员，避免事故的发生。

（二）托举动作分类与技术要求

托举动作是啦啦队的一种特殊技巧，最初应用此动作是为了比赛时与站得比较远的观众进行互动。

1. 髋位托举

尖子队员的身体最低点在底座啦啦队队员的髋部位置，叫作髋部托举。

（1）单底座髋位托举。

①技术要点和动作方法。

在做任何位置的托举之前，尖子队员应先进行上步的练习。队员们也可以用长板凳、台阶或者场地来练习。

底座队员：此训练没有底座队员的参与。

尖子队员：面对长凳或者椅子，一脚上步吸腿，另一只脚踩在长凳或椅子上，同时手臂绷紧成“V”型。

保护者：当同伴上下时，保持其腰部的平衡。

②单底座两脚托举。

队员站立，尖子队员身体方向同底座队员身体方向一致，两脚站在底座队员肩部，上体保持直立平衡。底座队员的手从尖子队员的腿后侧，屈臂抱紧尖子队员的两腿，帮助尖子队员保持平衡。在练习好单底座两脚托举后，可以逐步进行单底座单脚托举，增加托举难度。

③单底座单脚托举。

队员弓步站立，尖子队员身体方向同底座队员身体方向一致，单脚站在底座队员弓步的前腿大腿上部，另一侧腿可做搬腿、屈膝、或“1”型等难度动作，身体保持平衡。底座队员的弓步前腿同侧手从尖子队员的大腿后侧，屈臂抱紧尖子队员的站立腿，帮助尖子队员保持平衡。

④单底座髋位托举的练习方法。

A.“1”型站立。

底座队员：前跨一步形成深的弓箭步（在任一方向）。弯曲腿的大腿与地面平行，膝盖不超过脚尖，后腿伸直并锁紧。当尖子队员抬起另一条腿，尽可能近地握住这条腿的脚踝并举起，手臂伸直成“1”型。

尖子队员：站立于底座的身后。上步时，下压底座的肩部同时外侧的腿抬起迈步站在底座队员的大腿上面，合拢腿伸直，重心在底座中心以保持平衡。当平衡之后，从底座的头后抬起另一条腿成“1”型，使底座握住。脚尖向前，手臂成“V”型。

保护者：当尖子队员攀爬时，一定帮助将其腰部固定，并支持完成难度动作。在尖子队员跳下时，保护要移至一侧并扶住其腰部。

B.屈膝站立。

底座队员：前跨一步形成深的弓箭步（在任一方向），当尖子队员上步时，用外侧手握紧其脚部。用内侧手臂扶握住其膝部。使尖子队员站立腿稳定。

尖子队员：上步时，用内侧的腿蹬上底部的大腿，锁紧腿、绷直。重心在底座中心，以保持平衡。屈膝抬起另一条腿，脚踝绷直。手臂成高“V”型。

保护者：当尖子队员攀爬时，帮助固定腰部，并支持托举动作。

C.搬腿站立。

底座队员：前跨一步形成深的弓箭步（在任一方向），当尖子队员上步时·用外侧手握紧其脚部，用内侧的手臂扶握住其膝部，使尖子队员站立腿稳定。

尖子队员：上步时，用内侧的腿蹬上底座的大腿，锁紧腿、绷直。重心在底座中心，以保持平衡。另一条腿成前搬腿或侧搬腿姿势，脚踝绷直。臂搬腿，另一只手臂成“V”型。

保护者：当尖子队员攀爬时，帮助固定腰部，并支持托举动作。

（2）双底座髋位托举。

双底座髋位托举是指两名底座队员支撑完成的髋位托举。

①双底座两脚站立。

托举两名底座队员面对面弓步站立，各做相反方向的弓步，一人左脚弓步，另一人做右脚弓步。尖子队员身体方向同底座队员身体方向一致，两脚站在两名底座队员弓步的大腿上部，上体保持直立平衡。底座队员的弓步前腿的同侧手从尖子队员的大腿后侧屈臂抱紧尖子队员的单腿，帮助尖子队员保持平衡。

②双底座单脚站立。

托举两名底座队员面对面弓步站立，各做相反方向的弓步，一人左脚弓步，另一人右脚弓步，尖子队员身体方向同底座队员身体方向一致，单脚站在一名底座队员弓步的大腿上部，另一侧腿放置在另一底座队员两手上，上体保持直立平衡。底座队员的弓步腿的同侧手从尖子队员的大腿后侧屈臂抱紧尖子队员的站立腿，另一名弓步底座队员的两腿分立，两手托住尖子队员的脚掌，帮助尖子队员保持平衡。保护者在尖子队员后面托住尖子队员髋关节两侧。

随着尖子队员能力的增强，可以做单脚前搬腿、单脚侧搬腿，单脚后搬腿等难度动作。

2. 肩位托举

尖子队员的身体最低点在底座队员的肩部位置，叫作肩位托举。

（1）单底座肩位托举。

①单底座肩位。

底座队员：弯曲的大腿平行于地面，膝盖不能超过脚尖，两腿绷紧。分腿半蹲姿势开始，当尖子队员坐上肩位时，胳膊从外侧扶握住尖子队员两腿。向上站立时，两腿用力，腰背立直。手臂扶握尖子队员的大腿并向下用力。

尖子队员：站在底座队员的身后。在做上法时，外侧腿放置底座队员的肩部，屈腿绷紧。平衡后，将另一只腿置于底部队员的肩上，两腿屈膝夹住底座队员肩部坐下，两手握拳叉腰。

保护者：站在底座队员身后，两手扶住尖子队员髋关节两侧。

②单底肩。

站立底座队员：两腿分开成半蹲，伸出两手并用握手式握法握住尖子队员的手。尖子队员做上法时，依次释放尖子队员两手去握住尖子队员的小腿（肩站立握法）。下拉稳定小腿，肘关节向前。

尖子队员：站在底部队员身后，用握手式握法握住底部队员的手。两脚依次踩上底座队员肩部，推底部队员的手，伸腿时同时释放两手，站立并绷紧身体，手臂成"V"型。

保护者：在尖子队员向上攀爬时，要支撑其腰部再握紧其大腿或小腿。要点：底部队员两腿分开的距离应与肩同宽以保持平衡。

③俄国式托举。

底座队员：两腿开立成半蹲，头向上背挺直。向上屈臂托于尖子队员腋下。两腿用力蹬地同时两臂用力向上推直，将尖子队员推起。

尖子队员：站在底座的身后，两腿用力向上跳起，两腿分开，两手握住踝关节或小腿部，脚尖绷紧手臂伸直，后背顶直，抬头挺胸。

保护者：站在底座队员身后，两手扶住尖子队员髋关节两侧。

④单底座单脚托举

底座队员：贴近尖子队员下蹲，一只手握住尖子队员一脚踝，另一手推尖子队员臀部，双手用力向上在肩部位置托起尖子队员。

尖子队员：用握手式握法握住保护者的手。向上跳，身体收紧，同时，伸出手臂放开保护者的手；站在底座队员的手上，重心略微向后，肩膀和臀部在一条直线，用弯曲的腿顶底座队员的前臂来保持平衡。当平衡时，手臂成"V"型。

保护者：紧靠尖子队员站在后面，用握手式握法紧握住尖子队员的手。推起后，托住尖子队员髋部两侧。

（2）双底座肩位托举。

①双底座骑跨式托举。

底座队员：双底座队员两腿站立与肩同宽，面对面站立。当尖子队员提右腿时，底部队员一手握住尖子队员的大腿，另一手握住脚踝或小腿中部。当尖子队员被举起时，第二个底部队员握住尖子队员的另一条腿并握住大腿和脚踝的下面，将他们举到肩部的位置。在将尖子队员举起的过程中，两底座队员的外侧腿向前侧跨一步成一个小角度，让底座更加稳定。

尖子队员：成骑跨式姿势，手臂成高“V”型。

保护者：托住尖子队员臀部。

②双底空中劈腿。

底座队员：双底座队员面对面站立，两脚分开与肩同宽，肘关节夹紧，掌心向上托住尖子队员小腿，将尖子队员踝关节置于肩膀上。

尖子队员：两腿伸直，绷脚尖，保持头胸背在一条直线上。

保护者：动作掌握后，不需要保护。

③双底座托单脚肩位托举。

两个底座相对站立，屈臂在肩部位置托起尖子队员，一名底座队员两手五指张开，掌根相对分别握住尖子的脚尖部位和脚跟部位，另一名底座队员靠尖子队员脚跟方向的手虎口张开，托住尖子队员脚心位置，另一侧手虎口张开握住尖子队员小腿正面，给予一定支撑力量，固定尖子队员的部分重心，尖子队员的另一侧腿可做吸腿、搬腿、控腿等难度动作，保持重心稳定。

（3）三底座肩位托举。

底座队员：两名底座面对面站立，两脚分开与肩同宽。下蹲时，一手从后侧握住尖子队员的小腿，另一手放在同伴背部的中间位置。后面的底座站立，将手放在尖子队员的背部。

尖子队员：背对底部队员。向上跳然后后倒，绷紧身体。手臂紧贴身体两侧或成T型。保持头部和身体在一条直线上并收紧下巴，不能在后倒时低头，使身体和头部不在一条直线上。

保护者：此动作不需要保护。

3. 高位托举

高位托举动作中底座队员的手臂要高过头部，高位托举动作中包括单腿技巧动作，在托举中被视为最难的技术，高位托举分为单底座高位托举、双底座高位托举和三底座高位托举。在高位托举中底座手臂向上伸直高举托住尖子队员，且在高于头的位置完成托举。

（1）从肩位到高位准备。

底座队员：底座队员对立，成双分腿半蹲造型。一名底座队员握住尖子队员的脚，另一底座队员做相同动作。腿部用力蹬地，两名队员的外侧腿迅速向内上一小步，两名队员身体靠近，底座队员手臂由胸前屈肘向上举并伸展手臂，高举尖子队员，将尖子队员推至高位。

尖子队员：一只脚置于第一底座队员手中，将重量置于第一底座队员肩部，另一只脚置于另一底座队员肩上。舒展肩部，伸直腿部以便被举起。在上升过程中，保持身体紧张。

保护者：首先在尖子队员上法时两手托住其腰部，帮助尖子队员发力达到准备高度，到达高位时握住尖子队员的脚踝保持尖子队员的稳定性。

常见问题：

①底座队员步伐距离过大。改正：尖子队员在站立伸展应将两腿绷紧。

②伸展准备站立过慢。改正：底座队员快速站立。

③尖子队员不能在高位很好地控制身体。改正：检查底座队员是否抓紧，同时尖子队员应收紧身体。

（2）从跑位到高位准备。

底座队员：主要底座队员开始用手握住尖子队员脚部，发力至尖子队员站上肩部，再次下蹲，进行高位握举。次要底座队员在尖子队员站立时先一手握住尖子队员脚踝，脚至高位水平。一手托住尖子队员臀部，进行高位伸展准备时握住尖子队员。

尖子队员：站立到主要底座队员的手中。固定腿部；将另一只脚置于主要底座队员肩部，收紧身体站立为高位伸展准备。

保护者：在整个保护的过程中，保护分为三个过程；保护者一手托住尖子队员脚跟，一手握住脚踝；保护者一手托住尖子队员大腿后侧，一手握住脚踝前侧；保护者两手握住尖子队员脚踝后侧，协助控制脚踝稳定性。

常见问题：

①尖子队员向后倾倒。改正：确保保护者握住其后部，支持其重量。尖子队员应该将胸、臀、膝、脚成一线保持重心在中间。

②尖子队员向侧边倾倒。改正：在第二次弹踏时，尖子队员将其另一只脚放在底座队员肩部，其重心同时移至另一脚上。

（3）转身向上至高位准备。

底座队员：以右手交叉左手开始。在给定节奏中，尖子队员开始准备，底座队员下蹲，旋转两手直至握住尖子队员的脚，然后成高位伸展准备姿势。

尖子队员：开始面向后方。两脚交叉，右脚放置在左侧底座队员的手上左脚放在另一底座队员的手中。在给定节奏中，下蹲然后两手推底座队员肩部，两腿蹬伸站立至高位伸展准备姿势。

保护者：握住尖子队员小腿下方。在给定的节奏中，尖子队员下蹲，保护者指导向上转动至高位伸展准备姿势，握住尖子队员脚踝后侧。

常见问题：

①尖子队员不能将另一只脚放在底座队员手中。改正：尖子队员弯曲另一只脚，需要底座队员牢牢握住，其另一只脚紧靠第一只脚。

②向上转身时过早。改正：尖子队员反复练习技巧中的角色，推底座队员的肩部然后转动肩部。转动肩部过早，这个技巧动作则无法完成。

（4）从坐姿至高位准备。

底座队员：

①主要底座队员：开始在一边握住尖子队员的左脚，然后成坐姿，下蹲并半转身站立至高位伸展准备姿势。

②次要底座队员：下蹲并托住尖子队员的脚底，将尖子队员放在左肩成坐姿，下蹲至伸展准备姿势。

尖子队员：握住底座队员和保护者的肩部并跳至坐姿转换后，下蹲至伸展准备姿势，将另一只脚给底座队员。

保护者：将尖子队员放在右肩，握住脚部以达成伸展准备姿势，半转身后站立成伸展准备姿势。

常见问题：

①尖子队员成坐姿向后倒下。改正：尖子队员在坐姿时要保持身体重心，不能全部依赖后部保护者。

②尖子队员站立成伸展准备姿势时有困难。改正：底座队员要下蹲更多以提供尖子队员站立的动力。

③在坐姿中，尖子队员的腿过高并后倒。改正：底座队员需要将尖子队员两脚落下，利于保持身体重心向上。

（5）从腿部站立至高位准备。

底座队员：第一底座队员在尖子队员步入第二底座队员的手时握住其伸直的腿，保持抓握直至伸展准备姿势。第二底座队员保持两腿在一条直线上站立。当尖子队员站立时，用高位伸展准备姿势抓握。

尖子队员：上步至单腿站立，将右脚从放至第二底座队员手掌上，向上迈步，将重心移至放在右脚，以伸展准备姿势站立。

保护者：握住尖子队员臀部，在给定节奏中下蹲，至高位时握住尖子队员脚踝，帮助其完成技巧动作至高位伸展。

常见问题：

①尖子队员不能用拉伸的腿站立。改正：第二底座队员稍下蹲以方便控制尖子队员位置至高位伸展姿势，尖子队员将重心移至底座队员并置于正中。

②从下蹲至高位伸展准备姿势，尖子队员就倒下回到原先位置。改正：尖子队员在站立至主要底座队员推起时，动作果断，收紧身体。

③技巧动作在成高位准备姿势时托举分裂。改正：尖子队员收紧两脚和大腿以保持底座队员内收。

（6）从“T”型托至高位准备。

底座队员：两个底座队员以分腿半蹲姿势等待。当尖子队员在空中时，下蹲并发力至高位伸展准备姿势。

尖子队员：握住额外的后部支持者和保护者成“T”型，当被向前推时，抬脚，放入底座队员的手中，保持胸部向前，伸臂站立达到伸展准备姿势

保护者：握住尖子队员的手和手臂下方，将尖子队员向前移动，当尖子队员碰到底座队员时，推动尖子队员的手臂使其达到伸展准备姿势。

常见问题：

①尖子队员在移向准备姿势时重心在其臀部。改正：底座队员向前转动尖子队员的肩部以使她能够在此过程中均匀分配用力。

②保护者不能在尖子队员向上成伸展准备姿势时持续给予帮助。改正：尖子队员在姿势变化时保持手臂固定以使保护者用杠杆推动至完成技巧。

③技巧动作在达成伸展准备姿势过程中偏向一边。改正：保护者重新确定时机以确保节奏相符。同样，保护者的高度也可能影响到技巧的实施。

（7）平地向上自由式至高位。

底座队员：

①主要底座队员：开始成双分腿半蹲，手放在尖子队员脚趾和脚跟处，在给定节奏中下蹲，将手伸展过头顶，在顶部换手抓握（主要底座队员的位置和在伸展准备姿势中的相同）。

②次要底座队员：开始成双分腿半蹲，右手挡在尖子队员脚下，左手握住尖子队员左脚。在给定节奏中，下蹲并伸展手臂。在技巧动作顶端，左转肩部成站立到尖子队员下方同主要底座队员一起分担尖子队员的体重，在给定节奏中，底座队员下蹲，尖子队员落下至支撑中。

尖子队员：将右脚放在底座队员手中，在给定节奏中，尖子队员推离地面和底座队员的肩部以向上站立。为达到自由式的位置，尖子队员固定其右腿并抬升左腿至与地面平行，左脚踝保持紧张，稍靠向右膝，在给定节奏中，尖子队员被支撑返回地面。

保护者：后部保护者将右手放在尖子队员的脚踝，左手放在尖子队员的臀部。在给定的节奏中，保护者下蹲并推动尖子队员的臀部向上以帮助其离地。当尖子队员向上站立时，后部保护者将两手置于尖子队员的右脚踝。在

尖子队员落地时，后部保护者下蹲并支撑住尖子队员的头部和肩部。

常见问题：

①底座队员做动作过于沉重，不易过头顶。改正：检查底座队员、后部保护者和尖子队员之间的技巧时间安排。技巧团体不能同时下蹲发力，技巧将会非常“重”，反复练习直到团体动作同步。

②自由式站立太慢。改正：底座队员快速用腿向上顶，尖子队员推动底座队员肩部，并以上半身抬升自己。

③自由式中持续倒向尖子队员的右侧。改正：臀部向前顶，而不是向右。

（8）自由式的高位变化式。

底座队员和后部保护者的任务与其在自由式中的一致。然而，尖子队员必须在尝试这些技巧前熟练掌握弹性、平衡和身体控制能力，因为它们要求更高的协调性。阿拉伯式、天蝎式、脚跟伸展式和过度拉伸式等一些最常见的自由式的变化形式。

（9）高位姿势下法。

底座队员：以伸展准备姿势下蹲，伸展手臂直到顶端，以支撑架形式接住尖子队员的身体。

尖子队员：等待底座队员的抛掷，并交叉抱臂于胸前直至触及肩部和头部。转动完成时，打开至标准支撑姿态。

保护者：在开始的抛接中第一保护者通过伸展尖子队员的脚踝，然后托住尖子队员的肩胛骨。前面的保护者握住尖子队员的脚踝即左手抓左脚踝，右手抓右脚踝。尖子队员向左转，将左手放在下面。向右转就将右手放下面。在尖子队员旋转时，交叉两手以控制尖子队员进入支撑中。

常见问题：

①尖子队员以腹部着地。改正：底座队员的目光继续看着肩部直到尖子队员落入支撑。

②尖子队员转过底座队员的头部。改正：尖子队员预测抛掷的时机，并在旋转前完成下蹲的发力。

③尖子队员落入支撑前没有滞空时间。改正：底座队员协调下蹲，尖子

队员需等待抛掷。

④尖子队员不能完成旋转。改正：尖子队员应在旋转时保持右臂部与肩部成一条直线。

第五章　健美操教育中选配音乐的探讨与对策

在健美操教学中，音乐是不可或缺的组成部分。健美操音乐具有功能性，服务于健美操动作。恰当运用音乐，能增强健美操教学的课堂气氛，调动学生的学习兴趣，提高健美操的教学质量。本章主要阐述音乐与健美操的关系、音乐在健美操教学中的功能、健美操音乐的种类与特点、在健美操教学中的音乐选配的对策。

第一节　音乐与健美操的关系

音乐是健美操的灵魂，它使健美操成为具有情感、有艺术性、观赏性强的艺术体育项目。音乐既能调动学生的情绪，增强学生学习健美操的兴趣，还能培养学生的节奏感和韵律感，提高学生的表现力、想象力和审美能力，促进学生全面发展。音乐在健美操中的合理运用，可以帮助学生很好地掌握健美操的动作力度、从而能够准确并轻松自如地完成健美操的动作。音乐是健美操的重要组成部分，贯穿于健美操教学和比赛中。在健美操教学中，动作教学要有音乐伴奏，保持动作与音乐步调一致、将音乐和动作结合成一个完美和谐的整体。在健美操比赛中，更要求音乐与动作的和谐统一，如果音乐伴奏出现问题，还会被扣分。这些都进一步说明音乐和健美操具有密切关系。

一、健美操音乐文化的概念

文化具有时代性，会随着时代的发展而发生变化。不同时代的文化具有一定程度的差异，都会展现当时的时代特点。文化是一种广义的运用符号，是多种符号的集成，是在后天环境中不断进行学习，积累经验，经历从低级到高级逐渐创造的过程。动物没有符号，只能对信号做出条件反射，而人具有把信号转变成符号的功能。可以说，人们生活在各种符号中。纵观人类发展史，许多爱好能形成一些习惯，许多习惯能形成一些文化。作为一种符号，健美操音乐被人们使用并传承，成为一种时尚的文化。时尚文化不是一成不变的，具有一定的时代特征。绝大多数文化的形成都会经历与其他文化的交流、融合以及碰撞，从而实现不同民族之间的文化沟通，其中优秀文化最容易被人们理解并采纳，进行消化和吸收，最终成为人类共有的文化财富。健美操音乐文化的功能是指音乐文化对健美操发展所起的作用，使体育文化本质的展现与文化的功能密切相关。

二、健美操音乐文化的特点

健美操音乐文化具有强烈的代表性，能唤起人们的时代共鸣。健美操音乐具有浓厚的时代气息，反映了时代的精神元素，还原了时代背景。20世纪90年代，健美操音乐以爵士乐、迪斯科和摇滚乐为主，反映出人们对健美操单纯的思维结构。到了21世纪，健美操音乐突出科技时代的特点，主要是采用节奏鲜明的电子音乐和DJ，而近些年健美操音乐开始逐渐注重于原创。

第二节　音乐在健美操教学中的作用研究

一、调动学生的兴趣

兴趣在人们实践活动中起着非常重要的意义。它会让人在实践活动中产生快乐、紧张的心理，产生专注力。当一个人对某种事物或某项活动产生兴趣，他就会将注意力集中于该事物或活动，并对其产生一定的积极情感。音乐最能使学生大脑皮层产生兴奋，调动学生的兴趣。健美操课堂上一响起音乐，学生就会表现出主动学习的欲望，在健美操教学中，音乐能调动学生的学习兴趣，能够将学生的注意力集中在练习上，使之快速掌握动作的基本要领，从而可将自我充分表现出来。

二、激发学生的情感

健美操音乐具有鲜明的节奏感、韵律感和时代感。健美操动作的节奏、激情、力度、表现力等都是受到音乐刺激后产生的。健美操音乐能够激发学生的情感，从而提高健美操的感染力和表现力，实现健美操教学的目标。在充满节奏感的音乐伴奏下，学生连续进行动作练习，达到锻炼身体的目的。

三、具有感染力

健美操音乐能减少学生神经上的紧张和疲劳。音乐让健美操的动作充满活力与生机，并营造活跃向上的气氛，学生在这种环境下学习健美操，能获得愉悦的心情，消除身心的疲劳。一般情况下，学生不管处于怎样的心境，其通过健美操的学习，都会产生良好的训练效果、消除疲劳、获得精神上的极大释放。旁观者也会在健美操音乐的感染下跃跃欲试。

四、提高训练效果

健美操音乐能在多方面对学生产生影响，如对神经、肌肉和心理等都能产生良好的刺激作用。这些积极的刺激作用通过学生的外部形态变化和内部心理变化来体现。因此，在音乐的启迪下，学生在练习健美操动作时，能调动他们对艺术创造的热情，尽情展现动作、抒发个人情感、展现个人特征，让音乐、动作以及情感达到和谐统一，从而提高健美操的艺术效果。实践证明，学生的音乐素养与表现力密切关系。因此，教师要注重培养学生的音乐素养，进而提高学生的表现力。音乐在展现学生表现力的同时，还提高了动作的强度，锻炼了学生的负荷能力。理想的健美操音乐是具有感染力和号召力的，能调动学生的情绪，让学生用积极的态度进行练习。健美操音乐能缓解肌肉紧张，减轻运动疲劳，有利于学生更牢固地掌握动作，帮助学生建立正确的动作概念，合理运用力度，掌握健美操训练技巧，让动作更加准确简练。在教学的不同阶段，教师应根据学生的个性、训练水平以及动作风格等使用不同风格的音乐，以提高训练效果。

五、对身体产生积极影响

研究表明，健美操的音乐能和运动者的心跳频率产生节奏共鸣。具体来讲，当音乐节奏较慢时，运动者的心跳也较慢；当音乐节奏加快时，运动者的心跳会随之加快。在无音乐伴奏和有音乐伴奏这两种不同运动情况下，运动者每分钟的心率可相差10~20次，这是因为音乐的节奏会让中枢神经产生兴奋，给情感带来良性刺激，促进血液循环，从而对身体产生积极影响。

六、增强表演效果

健美操音乐风格各异，旋律优美，节奏鲜明。在不同风格的音乐伴奏下，各种健美操动作通过改变节奏的快慢、力度的大小和动作幅度的大小等，让健美操的动作富有韵律感，错落有致，进而提升健美操的表演效果。健美操音乐能在一定程度上控制大脑细胞的兴奋性。节奏鲜明、激情欢快的音乐能调动运动者的积极性。动作和音乐的完美结合，更能调动运动者的表现欲望，增强表演效果。在健美操比赛中，这种音乐更能调动观众的情绪，让观众产生共鸣。良好的比赛现场气氛能促进运动者与观众的交流，形成的反馈信息还有利于提高运动者的表演效果。一串流畅优美的动作配上恰当的音乐，会给人意想不到的感受。

动作是空间和时间相结合的艺术。动作是构成健美操审美价值的重要内容，动作的快慢和力量的强弱变化都应该与音乐的旋律、结构、特效、重音等相吻合。健美操动作应复杂多变，不仅要展现出动作的姿势、方向，还要展现出速度和节奏。一套完整的健美操需要通过各种动作变化来表现出运动者的水平。健美操音乐要在旋律、调式、节奏、和声、速度等方面进行多层次、多角度的配合，为相应的动作提供发展的空间。音乐节奏的跌宕起伏是动作力度表现的基础。动作情绪的深入发展可以借助音乐的节奏来体现，因此应根据音乐的特点和情绪来编排动作，实现音乐和动作的和谐统一。

七、展现动作风格

健美操与舞蹈，舞蹈需要表现出思想内容或者完整的故事情节，而健美操虽不需要，但它所选择的音乐一定是能让练习者通过动作和身体将其活力和感染力体现出来，而这些动作又必须体现出健美操的特点。健美操音乐的风格决定整套健美操的风格，运动者必须根据音乐风格完成动作。如果选择爵士乐，健美操的动作就应与爵士乐相联系，展现出爵士风格，运动者的动作、表演以及服装等都应体现爵士乐的风格。音乐是整套健美操动作的主线，将单个动作逐一连接起来构成完整的动作，起到展现动作风格和增强动作表现效果的作用。在任何情况下，健美操音乐都应保持连贯性和一致性，不能将一些无关的音乐片段进行组合。动作风格和音乐风格的有机结合能提高整套健美操的表现力和感染力，给人带来健康和美的享受。

八、赋予创编灵感

音乐赋予了健美操动作创编的灵感。音乐是艺术家创造的成果，一段热情奔放、极具创意的音乐能启迪人的智慧，调动人的想象力和创造力。具有一定创编经验的健美操教师听到一段好的音乐，就能想象出一些对应的动作，创编出整套动作的大体结构。一般情况下，健美操动作的创编都是根据音乐来确定的，因此健美操音乐显得十分重要。音乐能激发教师的灵感，让教师充分发挥想象力和创造力，创编出与音乐相融合的动作，体现出音乐的内涵。

第三节　健美操音乐的种类与特点分析

一、健美操音乐的种类

（一）民族乐

民族音乐具有鲜明的民族特点和地方特色，丰富的调式和旋律，独特的音乐风格，以及强烈的和特征。民族乐的音乐形象丰富多样，旋律优美亲切，节奏鲜明，具有极强的舞蹈性。

（二）爵士乐

爵士乐诞生于19世纪末20世纪初的美国，是非洲文化和欧洲文化的结合体。爵士乐主要来自黑人社会的劳动歌曲以及婚丧仪式等社交场合上演唱的散拍乐。爵士乐还借鉴了欧洲音乐和声的手法，起初主要是即兴演奏，具有独特的切分节奏。爵士乐中包括大量打击乐，其音色鲜明，节奏变化丰富，即兴性强，由连续不断的切分节奏构成，体现出喜乐氛围。

（三）迪斯科

迪斯科音乐流行于20世纪六七十年代的欧美，由爵士乐演变而成，带着说唱风，节奏较快，不断重复重音，主要表现的往往不是歌曲的内容。迪斯科强调打击乐，继承了爵士乐的切分节奏，多通过单拍子反复不间断的出现，体现强大的精神力量。

（四）摇滚乐

摇滚乐又叫作滚石乐，也是由爵士乐演变而成。摇滚乐属于激情音乐，继承了爵士乐的即兴性，节奏有快有慢，往往重复出现同一种节奏，带有摇摆的感觉摇滚乐的表现形式包括重金属、流行摇滚、乡村摇滚、柔摇滚等。

（五）轻音乐

轻音乐通常指那些结构简单、生动活泼又轻松愉快的音乐。一般情况下，轻音乐不表现复杂的内容和主题思想。轻音乐主要分为以下五类。

第一类：活泼轻松的舞曲。

第二类：流行歌曲和通俗歌曲。

第三类：电影配乐与戏剧配乐。

第四类：民间曲调与日常舞蹈音乐。

第五类：轻歌剧。

（六）外文歌曲

健美操中的外文歌曲都具有很强的节奏感，音乐速度较快，打击乐较为明显，具有强烈的震撼感，能展现出强烈的青春气息 高校健美操音乐十分适合选用外文歌曲。

（七）世界名曲

世界名曲一般都蕴含较强的哲理性，能跨越时空、语言以及民族的界限，也能超越思想、人格以及阶层的界限。世界名曲形象鲜明，旋律优美，具有极强的感染力。

二、健美操音乐的特点

健美操与舞蹈和艺术体操相比较，强调的是动作的力度。因此，健美操的时选择的音乐节旋律动听而且节奏鲜明。健美操音乐主要是爵士乐、迪斯科、摇滚乐、民族乐等，这些音乐使健美操体现出一种强烈的现代韵律感。健美操音乐中的旋律变化有高有低，节奏有强有弱，有豪放也有抒情。好的健美操音乐具有强烈的感染力，代入感强，具有锦上添花的作用，在健美操表演和比赛中让表演者如虎添翼。

健美操音乐是为配合健美操动作教学而选用的。健美操动作能对人体产生多种功效，它具有自身独特的节奏，要求速度有快有慢，要有一定的力度，要求姿态优美，动作连贯，如行云流水。健美操音乐的特点主要体现在以下几方面：

（一）时间准确

健美操运动的生命线就是时间。健美操运动会受音乐时间的限制，因此在确定健美操音乐时，对音乐时间具有十分严格的要求。音乐要与健美操动作的时间相同，健美操动作结束，音乐也要停止，以此尽可能展现出运动者的运动水平。健美操的动作就要准确典型，具有较强的表现力和感染力。不管选择何种类型的健美操音乐，都要遵循自然、恰当的原则，不能让人感到牵强或突兀。

（二）节奏鲜明

健美操所伴奏的音乐直接会影响到所做动作的起伏。比如节奏的强弱、快慢、音调高低、是否和谐等都会影响着每一个动作的速度快慢、力度大小、幅度大小、运动负荷大小等。

音乐是健美操训练的口令，是健美操动作的节拍。在乐曲中，一拍为强，其余为次强或弱，会周期性出现的节奏包括二拍、三拍或复合成四到八拍等。弱拍、强拍反复出现会形成强弱交替的，有规律的且极具感情色彩的旋律表现。因此，健美操的音乐节奏和动作节奏必须相吻合。清晰的音乐节奏能让学生轻松地区分出节拍的强弱交替，有利于更好地反映出动作的力度。由于训练要求或竞技需要，健美操音乐的节奏是有一定的稳定性，同时对节拍速度有一定的要求。在速度方面，健身性健美操的音乐速度要求为10秒23拍左右，竞技性健美操的音乐速度要求为10秒26拍以上。音乐节奏较快，动作会显得更活泼，但音乐的速度并非是越快越好，原因是健美操的动作的速度会受到动作的幅度的影响，如果音乐速度过快，超越了动作本身的节奏，学生就难以在应有的节拍中完成准确的动作，会影响音乐和动作节奏之间的协调关系。

（三）旋律优美

音乐作用于人的听觉，能让学生产生一定的想象与联想，在头脑中形成富有情感的意象，在情绪上受到陶冶与感染。因此，音乐对人的情绪、情感变化以及人体运动都会产生直接影响。

健美操运动之所以受人喜爱，不仅因为运动本身的功效性和时代性，还因为现代音乐给健美操带来了生机与活力。在听到旋律优美和节奏强劲的音乐后，学生会产生情感的联想，产生参与健美操运动的欲望。健美操音乐是完成动作的节奏与节拍，同时还应具有欣赏价值，具有陶冶情操和提高审美趣味的作用。因此，健美操音乐的旋律应该是热情、轻快、奔放、优美、沉稳、浑厚的，而不应该是伤感、消沉、哀怨、颓废的。健康向上的音乐曲调能让学生振奋精神，消除身体疲劳与紧张，能调动学生的情绪，提高运动效果，从而获得生理与心理上的平衡。

（四）旋律形象化

旋律形象化是指一套健美操的音乐要体现完整的艺术形象。为了达到这个目的，健美操音乐要有系统的结构，音乐开始、发展、高潮、结束，都要展现出连续性的音乐形象。例如，当男子运动员在进行仿直升机状的动作时，音乐同时出现飞机盘旋于天空的特殊音效，可以形象地将男子运动员的力度体现出来。健美操音乐的定位越准确、旋律越鲜明，才能越有效地发挥出创编者与表演者的水平。

（五）编辑形式灵活

健美操音乐的编辑形式十分灵活，好的音乐编辑能有效提高练习效果。教师在选用音乐时，除了使用快节奏音乐表现健美操动作外，还可以使用慢节奏音乐作为开始或结束部分。这更有利于突出快节奏音乐的力度与速度，特别是在结束部分，会给人带来宁静松弛的感觉。

（六）具有时代感

健美操音乐具有较强的时代感。健美操音乐旋律动听，节奏强劲有力，充分体现了现代社会快节奏、高速度的特征，让人感受到强烈的时代气息，符合人们快节奏生活的内心活动。

第四节　健美操音乐选配的创新与应用

一、音乐在健美操中的作用

（一）节奏与动作

音乐节奏是乐音长短与强弱关系的统称，通过节拍来体现，也体现出乐段和乐段之间的长短与强弱关系。动作节奏是完成动作时所表现出的用力时间、用力强弱以及用力幅度等，能体现出健美操的特点。通常情况下，不去改变音乐的节奏，而改变动作的节奏。在一节拍中，既可以做一个动作，也可以做几个动作，但是不管动作节奏如何，必须根据音乐节奏的要求来完成，让音乐和动作完美结合，以提高健美操动作的表现力和感染力。目前比较流行的趋向是成套健美操中包含不同的音乐节奏与动作节奏变化，以增强健美操的多样性，体现出运动员的水平。

（二）旋律与动作

健美操的音乐旋律必须通过动作将其形象化，用动作表达音乐意境，展现音乐所塑造的艺术形象。健美操的音乐旋律应该和动作变化协调一致。健美操动作本身具有很强的变化性和节奏性，动作的节奏、力度、幅度、方向、姿势等都与音乐旋律密切相关，健美操的动作变化和音乐旋律完美配合，能产生一种“共振”效果，提高健美操的表现力，让观众的情感体验不由自主地跟随运动员的表演逐渐升华，产生参与其中的冲动。

（三）音效与动作

在成套健美操中添加大量特殊音效是健美操的音乐特色。特殊音效能起到增强、夸大效果以及提示动作等作用。添加的音效越鲜明，定位越准确，越能体现创编者的才华以及表演者的水平。

（四）动作强度

健美操动作的强度受动作速度、动频率、动作幅度、动作姿势等方面的影响。学生的健美操水平越高，可选择的动作强度越大，音乐节奏越快。

（五）动作风格

一套健美操应该具有独特的主题和风格，并通过动作与音乐的选配以及它们的配合体现出来。目前健美操的音乐主要是爵士乐、迪斯科和摇滚乐，这些音乐的节奏欢快有力，有利于提高动作力度，增强表现力。但这些音乐千篇一律，缺乏特色，高校教师应注意选择具有不同特色的主题音乐。

（六）整体效果

健美操的动作主要包括三种形式，即组合动作、过渡动作和难度动作。通常情况下，这三种形式的动作会均匀地安排在整套健美操的各个部分，并有与之相协调的音乐配合。例如：开始部分的造型动作一般选配体现动作主题的音乐，高潮部分的复杂动作是最能体现风格的特色动作，音乐比较强劲欢快，结束部分的动作应该和终止音乐的肢体相匹配。

二、健美操音乐选配的过程

（一）根据音乐选择动作

音乐是健美操教学中的一个不可分割的组成部分，它可替代语言起到指挥作用。高校健美操教师在设计成套健美操前，首先应挑选音乐。对于选好的音乐，应分析音乐的结构特点，根据音乐的旋律和节奏，设计和创编健美操动作。健美操运动的节奏一定要与所搭配的音乐的曲风相吻合，动作节奏要与音乐的节奏相统一，才能达到良好的练习效果。

优美动听的音乐能激发人的情绪，使人兴奋，会产生对创作的灵感，这对创编是十分有益的。在这种音乐伴奏下学习健美操的学生，更能进入意境，产生良好的共鸣效应。在实践中经常遇到这样的情况，尽管整套动作编排设计得不错，但由于忽视了音乐的效用，便会让编排大为失色、不能给人以优美动人的深刻印象。

健美操教学和训练课中的音乐不受比赛规则、时间等的限制，选择乐曲的自由度较大，但总的要求是简单、通俗、易于产生激情和表现，一般以欢快动听、节奏强劲鲜明的旋律为主。教学中的基本动作及组合动作的节拍不是很长，应配以优美动听、节奏感强的乐曲，不仅易于学生接受，同时也能调动他们的兴趣，使之产生欢快、振奋的情绪。

高校健美操教学中的音乐，应该节奏鲜明，注重培养学生的韵律感与节奏感。在健美操教学过程中，各种健美操的基本动作都有其节奏性与节拍性的特点。因此，应选用典型的、有强烈节奏感的乐拍，与各类基本动作组合或成套节拍相吻合。

在健美操教学过程中，应先以基本动作和组合动作为主，再进行成套动作的练习。基本动作和组合动作都具有一定的律动性，且律动比较规整，易于和音乐的节拍规律相吻合。在高校健美操教学中，基本动作以及组合动作的数量是根据教学需要和动作内容进行安排的。因此，音乐的长度应与动作相吻合。

（二）根据动作制作音乐

1. 音乐的剪接

剪接健美操音乐方式有两个：一是同一首音乐的剪接，二是两首或多首音乐的剪接。

同一首音乐的剪接需在音乐空拍，停顿或结尾处效果进行比较好。若是两首或多首音乐的剪接，音乐的旋律和节奏要相同或相似。不管哪一种方式，剪接后的音乐旋律应相同或相似，避免给人牵强的感觉。

2. 音乐的调速

音乐的调速包括两种：一种是整首音乐的调速，另一种是部分片段的调速。需要注意的是，音乐从慢变快听起来比较自然，但不能从快突然变慢。在具体的音乐操作中，可以采取以下处理方法：将调速后的音乐放完之后稍加停顿，再录制具有特殊音效的音乐剪接。

3. 成套音乐的制作

为了提高成套动作的完成效果，提高学生健美操的训练水平以及表现能力，应进行成套健美操音乐的制作。根据成套动作的整体风格、每一节动作的特点和具有特殊性的动作，制作成套音乐，可以在比较特殊的动作中添加一些特殊音效。实践证明，依据健美操的动作特点，在相应的音乐中加入一些特殊音效，有利于提高学生的表现力，培养学生的审美能力。

三、健美操音乐选配的注意事项

（一）基本动作和组合动作音乐选配的注意事项

（1）基本动作和组合动作教学时，所配的乐曲应风格一致，音乐节奏要和动作节拍相一致。例如，16个8拍的跑跳组合动作应选择节奏欢快、鲜明的2/4拍，长度为64小节，共128拍的乐曲，才能较好地与之配合。

（2）选配的乐曲要符合学生的实际水平，节拍应经常变化，让学生保持新鲜感，有利于提高学生的音乐素养。

（3）选用现成的乐曲时，常常会受到所选乐曲本身乐句、乐段长度的限制，不能完全吻合时，教师应对乐曲进行剪切，保持音乐与动作相统一。

（二）成套动作音乐选配的注意事项

1. 选配的音乐要与成套动作风格一致

健美操的音乐直接影响健美操的结构、风格、节奏、速度等。一段好的音乐能调动健美操创编者的创作灵感以及学生的学习兴趣，因此，成套健美操的音乐要保持与成套动作一致的风格。竞技性健美操应根据运动员的特点，选择能体现个性特征的音乐，展现出运动员的水平，健身性健美操则可以选择具有时代特征的音乐。

2. 选配的音乐要体现健美操的特点

健美操教师在选配音乐时，要充分考虑健美操的健、力以及美的特点，注重力与美的完美融合，音乐旋律要优美动听，节奏要强劲鲜明且富于变化。音乐应与动作性质一致，动作表现音乐，音乐衬托动作。

3. 选配的音乐要具有完整性

教师可以从一首较长的乐曲中选取若干乐段剪辑成套健美操的音乐，或者从几个乐曲中选择若干乐段编辑而成，还可以专门谱写乐曲。健美操的乐曲要在限定时间内尽量突出主题，注重乐曲结构的统一性与完整性。在健美操音乐的剪辑过程中，要遵循音乐的规律，注重不同乐曲的特性，让不同主题的乐曲自然贴合，使乐段之间自然衔接。

4. 选配的音乐旋律要动听并使人振奋

健美操是一种人体运动的艺术，也是一项健与美的运动，无论是音乐还是动作，都应体现出美和活力。从音乐角度来讲，音乐旋律应优美动听、富于变化、节奏鲜明、突出美感，这样才具有吸引力。动感的音乐有利于让学生产生激情和丰富的想象力，充分发挥他们的表现力，让他们投入健美操运动中，让动作成为音乐活的曲词。

5. 选配的音乐要注意长度和灵活性

竞技性健美操的竞赛规则中明确规定，成套健美操的时间约为1分20秒。因此，在选配音乐时，应把时间控制在1分15秒 ~ 1分25秒之间。通常情况下，一套健身性健美操的音乐时间选在2分 ~ 3分钟为宜，时间长短可灵活自由选择，其主要取决于内容多少、难易程度及任务需要等。

四、音乐在健美操编排中的运用技巧

一般情况下，一段好的音乐，其特点主要通过旋律、句法、节奏、节拍、和声、肢体等的合理运用表现出来。其中旋律、句法、节奏与节拍和健美操动作的协调配合十分重要。

（一）旋律

旋律的构成要素包括音乐的长短、音的高低以及力度的强弱，将这几个要素按照创作者的意图组织起来，就会出现具有一定意义的音乐线条，即旋律。旋律是创造音乐形象最重要的手段，最能吸引人们的注意。

健美操音乐中的乐音是根据不同音高从低向高排列的，可以将这些音划分成三个音区，低音区浑厚低沉，中音区温暖柔和，高音区华丽嘹亮。健美操教师可以参考旋律的风格和起伏变化，确定动作风格。例如：如果音乐为摇滚乐，就可以选择一些摇滚的素材，音乐加速时学生的动作也会随之加速。

（二）句法

音乐的旋律和其他组合因素应该具有条理清晰的句法。音乐中的句子是由小节组成的。一般情况下，两小节为一个乐节，两乐节为一个乐句，前后乐句组成一个乐段。乐句和乐段可以形成一个音乐形象。健美操动作是完整对称的，需要将音乐和动作的句法一一对应，形成相辅相成的关系，不能破坏音乐的句法，以免不协调。

在健美操授课过程中，经常出现的两种破坏音乐句法的错误是：一种是音乐原本是完整的，但因练习者或者指导者的错误将音乐开始和动作的开始分离了；另一种是在剪辑音乐的时候将音乐的句法破坏了，造成本身完整的动作和音乐相脱离，使学生的听觉与动作错位，从而影响健美操的完整性。

（三）节奏与节拍

节奏是音乐长短的组织关系，节拍是音乐强弱的组合方式。一定的节奏和节拍与一定的体裁相关。例如：迪斯科音乐一般使用单音拍，进行曲一般使用双音拍。健美操的动作节奏要与音乐节奏一致，尤其是在重拍上。通常健美操的八拍与音乐节奏是相对应的，动作的一拍对应音乐的一拍。如果选择单节拍音乐，动作的八拍和音乐的八拍是一致的；如果选择双节拍的音乐，动作的八拍则与音乐四小节相对应。

通常情况下，健美操作品中会综合利用音乐的各种基本表现手段。健美操教师应掌握这些基本表现手段，并将其传授给学生，让学生对健美操音乐有一个更为清晰的了解，才能更好地让动作与音乐有机融合。

第六章　高校竞技健美操训练研究

第一节　高校竞技健美操的发展现状

竞技健美操是以竞赛夺冠、争取优胜为直接目的的高水平健美操。它是在健身健美操的基础上发展起来的，属于提高范畴。竞技健美操受竞赛规则的限制，必须按照这些规则的要求组织编排、训练和比赛。竞技健美操虽然同健身健美操一样都有增强体质、美化形体、陶冶情操的功效，但它更有其自身的特点：首先竞技健美操是有氧和无氧代谢运动的结合，并以无氧代谢为主，运动强度大，时间短，速度快，每10秒钟在24拍以上；其次是竞技健美操动作难度大、变化多、技术复杂；追求动作的全面性、准确性、艺术性、创新性；再次是竞技健美操强调编排的合理性、流畅性，富有艺术感染力。因此，它对人的体能、技术、心理、意志等方面提出了更高的要求。

竞技健美操在我国起步较晚，相较于先进国家，目前水平仍存在一定的差距。然而，随着近年来国内外赛事的频繁举办以及竞赛规则的日益完善，我国竞技健美操正逐步迈向成熟，其水平显著提升，已逐渐接近世界先进水平。

在我国，众多高等体育院校已将竞技健美操纳入健美操专项及选修课程体系，同时，该课程也在众多非体育类高校中迅速普及与推广。经过多年的努力发展，中国大学生体育协会健美操艺术体操分会日见规模和成熟。比赛以及裁判、教练员、运动员等的管理办法相继出台，主管机构根据大学生的自身状况和特点制定了相应的等级动作，对普及健美操运动、提高大学生的技术水平以及丰富校园文化具有重要意义。竞技健美操进入高校体育课程后，主要以选修课的形式存在。尽管在教学专业性方面可能无法获得全面系统的保障，但高校学生的学习热情高涨，教师对于教学改革的积极性也显著提升，共同推动了竞技健美操在高校中的发展。

第二节　竞技健美操的内容和特点

竞技健美操作为一项国际竞技体育项目，虽然只有短短的20年多年的发展历史，但是以自身的魅力及项目的特点风靡全球。随着国内外赛事制度的健全和规则的日益完善，竞技健美操可能成为奥运会的正式比赛项目，其自身的发展前景非常美好。

竞技健美操和自由体操、艺术体操有很多的不同，竞技健美操的复合动作多，速度快、很少有动作的重复。竞技健美操的动作，对身体某些部位有明显的刺激，强身健体是竞技健美操的特点。动作的设计要符合强身健体和人体艺术的规律。在动作的编排上，要考虑到健美操对身体部位的影响，锻炼身体的协调性和柔韧性。

研究竞技健美操的历史进程和现代健美操的发展现状及趋势，可以剖析出竞技体操有如下特点：

一、“难、新、美、稳”仍是竞技健美操运动技术发展的主要趋势

在今后相当长的时间内，“难、新、美、稳”仍将是竞技健美操运动发展的主要趋势及运动训练的主要创新点。技能类难美项群的主要发展特点就是“难、新、美、稳”，而“难”“新”和“稳”都是为“美”服务的。竞技健美操是一项艺术性极高并要求不断创新的运动项目，它属技能类难美项群，它的发展在保证原有的“健、力、美、稳”的同时，也逐渐与其他难美项群的项目同步。

二、难度动作向着艺术性和安全性的发展方向

竞技健美操的难度动作是区别于杂技和其他难美性项群项目的独特标志。国际竞技健美操竞赛规则（以下简称“规则”）中对竞技健美操的难度动作数量

做了一定的限制，这有利于健美操运动的安全性并使难度动作向着艺术性更高、更健康的方向发展。规则还增加了难度动作的连接加分，但是对难度动作完成的要求并没有降低，连接的难度动作不仅能体现出技能类难美性项群项目的动作特点，同时提高了竞技健美操的艺术价值，也对运动员提出了更高的要求

三、成套动作更加突出艺术性，艺术性是竞技体育中难美性项群的一个突出特性。

竞技健美操正是以其独特的艺术表现形式为自己在竞技体有领域开辟出一片“天地”，分析国际健美操评分规则得知，在健美操规则的评分因素中艺术性始终占有一席之地，一直是衡量运动技术水平的一个重要方面。竞技健美操的艺术性主要体现在成套动作的多样性、连接动作的流畅性、场地空间的多变性、音乐风格的感染力、运动员的表现力以及集体项目中同伴之间的配合等。竞技健美操成套动作中艺术水平的高低不但是比赛中争取裁判员的认可、获得良好成绩的保障，也是能否赢得观众喜爱的主要因素。

四、技术细节对运动成绩的影响越来越大

正所谓“细节决定成败”，在今后的发展过程中，由于科学技术的普及、科学的选材和先进的训练方法及设备的快速推广，致使运动员之间的竞技能力势均力敌，这时对运动员来说细节是取胜的关键。

五、更加突出个性化、强调观赏性

竞技健美操是一项表演性极强的运动项目，运动员独特的音乐制作、风格不同的动作设计，生动而充满激情、极富个性化的表演以及新奇的服装设计，不仅给整套操增姿添色，给观众及裁判员留下深刻的印象，也是决定比赛胜负的关键。21世纪世界健美操运动一定会朝着艺术化、个性化、风格化的方向发展，使健美操更具有欣赏价值和观赏性。

第三节　竞技健美操训练的常用方法调查

一、竞技健美操体能训练内容分析与总结

竞技健美操体能训练的内容包括了一般体能训练和专项体能训练。一般体能训练是指运用多种体能练习手段所进行的，以提高运动员的身体素质，改善体态，促进各器官机能的提升为目标的身体全面素质的基础训练。训练的主要内容针对专项所需的基本运动素质，如力量、柔韧、速度、耐力、协调等与专项相关并为竞技能力的提高所必备的基础素质，在训练的方法与手段上以非专项的练习动作为主。

竞技健美操专项体能训练是指采用与竞技健美操专项动作技术紧密联系的专门性体能练习方法与手段，最大限度地发展与专项竞技能力有直接关系的专项运动素质，增强神经肌肉联系和运动素质的专项化转移，以掌握专项运动技能，使其在比赛中顺利有效地运用，从而创造优异成绩的训练实践过程。

从满足竞技健美操成套动作的要求上看，专项体能训练的重点内容在于难度动作体能和成套耐力体能的训练，而在训练实践中，是要发展与这两项内容重点相关的专项运动素质，将专项力量、柔韧、耐力、速度、协调等素质在一定的时间和空间内融合在难度动作技术和成套动作中，发展与专项密切相关的体能。在训练内容上，不但要注重专项化的运动素质发展，还要在身体机能的准备中，增加运动技能的储备数量。

二、竞技健美操体能训练的整体控制方法分析与总结

随着科学技术和训练实践的不断发展，现代运动训练过程成为一个以多学科联合为基础的，多种实施控制手段相组合的系统工程。训练方法从实践中来，在其发展的过程中不断融入了科学进步的成果，朝着更广更深的方向发展。运动训练过程本质上是一项社会活动，运动训练过程控制实质上是一个管理过程，而管理就是在特定的环境下对组织所拥有的资源进行合理。而

从运动训练方法的角度来看，运动训练方法是达成训练目标的途径和工具，运动训练过程的复杂性、系统性、开放性，决定了训练方法上的多样性，运动训练方法必然是一个多层次的系统。

体能训练是运动训练的重要组成部分，遵循运动训练的一般规律。把运动训练过程作为一项管理活动来看待，在计划和实施的过程中，必然体现出整体控制和具体操作等不同层面的分类。在运动训练学领域类，前者包括模式训练法和程序控制法，后者主要包括8种训练法分别是完整、分解、持续、间歇、重复等。训练方法在具体项目中的运用，则要考虑训练目的、任务和专项技术的特点，科学合理地选择与本项目契合的训练方法，从整体到部分灵活机动地整合训练方法，从而促进训练效果的最大化。

竞技健美操属于技能主导类项目。竞技健美操的参赛是以预制的成套动作为表现内容。成套动作中所选择的12个难度动作是训练中的重点内容，而运动员技能与体能的储备则是12个难度完成的基础。对于每一类难度动作，从难度的根目录动作发展到变化多样的难度动作，在技术上存在着内在的从简单到复杂的关系，每类难度有其内在的发展规律，形成一系列的技术链。在训练中，低难度动作是中、高难度动作的基础，相应地，低难度动作的运动素质是发展中、高难度的基础。可见，科学合理地安排形成技术的练习顺序显得尤为重要，同时，体能发展也应遵循技术发展训练的客观规律，进行逻辑上的合理安排。因此，竞技健美操技能和体能的储备，是一个紧密契合的、由低到高的循序渐进的发展过程，要在训练程序上予以控制。

程序训练法的基本结构是由4种构件组成的包括训练程序、训练方式，检查方法、评定标准。程序训练法具有系统化、定型化和程序化的一般性特点，不仅适用于单个难度动作的训练，对于整套的动作难度、成套动作的训练，或是一个周期的训练都有着一般层面上的指导意义。

竞技健美操训练过程中，无论是技术训练还是体能训练，教练员都通过正向的控制通道，运用训练程序、训练手段控制运动员的难度技术、体能等整体竞技能力的发展方向；通过反馈调控通道，运用不同的反馈手段了解运动员的现实情况，调整训练方案或继续实施程序训练。经过多次闭环式的控制过程，实现运动员现实状态的不断转移而达到目标状态。在体能训练的具体操作方法上，则是根据竞技健美操运动素质的展要求，从整体到部分、从一般到特殊的选择与本项目契合的训练方法组合，采用多种方法和手段进行练习。

三、竞技健美操难度动作体能的训练方法分析与总结

（一）难度动作训练方法的结构

难度动作是竞技健美操训练中的重点内容，体能训练与技术训练应在同步的发展中，完成运动素质的时空转移。李卫东（2006）认为，难度动作的技术形成包含了基础技术、运动技术质量和形成技术等相互关联的不同阶段。本文在此基础上发展了李卫东老师的观点，认为难度动作训练方法体系的构成可划分为三大部分：基础能力训练方法、技术质量提高方法、形成技术的方法。在训练过程中，这些因素相互作用、相互影响，任何一个部分的偏差，都会影响整体动作的掌握。只有各部分最大限度地紧密结合，才能建立合理的技术动作，并达到高度的准确和规范，提高难度动作的完成质量。

基础运动能力是指当开始学习某个具体的技术动作时所必须具备的基本动作完成能力，包括顺利完成技术动作的必要条件及心理特征。从技术上看，低难度的动作是高难度动作发展的基础。从训练上看，低难度技术训练是高难度技术形成的必经之路。高难度技术动作的训练要以低难度技术动作为基础，合理、科学地安排练习顺序和步骤，形成难度完成能力的累积。

以跳转360度自由倒地成单臂俯卧撑难度为例，在达到规范的技术动作标准前，必须具备完成此动作所需要的技术及能力，同时涉及一些相关的心理特征，如注意力集中、思维过程、动作完成信心等，这些心理品质也影响到技术动作的发展与提高。在动作训练过程中，需要按以下练习顺序及步骤进行：①自由倒地成俯卧撑！②自由倒地成单臂俯卧撑！③跳起自由倒地成俯卧撑！④跳起自由倒地成单臂俯卧撑！⑤跳起转体360度！⑥跳起空中转体360度成俯卧撑！⑦跳起空中转体360度成单臂俯卧撑！⑧保持身体高度的控制能力及姿态控制，动作质

量提高。通过合理的联系顺序，促进难度动作完成的基础能力逐步得到提高。

技术质量提高的基础条件是不同类型运动素质的提高，运动素质发展水平越高、越全面，技术动作的完成就越轻松、自由和省力，技术完成质量也越高。在技术动作的训练之前或起始阶段，需要对必需的运动素质进行分析，并在训练中予以发展。仍以上例为例，完成空中转体360度成单臂俯卧撑的动作，必须具备以下运动素质：完成跳跃动作时所需要的腿部爆发力量；完成腾空阶段尤其在落地动作时保持直立和紧张的身体姿态所需要的腹、背部力量；完成落地俯卧撑及单臂俯卧撑所需要的手臂力量；完成空中垂直轴转体和保持空中、落地身体姿态所需要的协调能力。这些运动素质是必须具备的，任何方面的欠缺都将导致动作质量的下降，并阻碍向更高一级技术动作的发展。

练习方法与手段是指完成特定技术动作所采用的一系列的练习手段与方法，练习方法的正确选择与运用是达到训练目标的关键，它涉及难度技术的技术环节、构成及运动学的特征。在竞技健美操难度动作训练中，分解与完整训练方法是常用的方法。以上例为例，其技术动作可划分为三个阶段，即准备阶段、主要阶段和结束阶段。准备阶段包括加速和起跳阶段；主要阶段由两部分组成，分别为支撑部分—爆发用力起跳，腾空部分—纵轴转体360度同时身体逐渐过渡到基本水平位置；结束阶段主要为准备落地和落地阶段。在不同的技术阶段，按照正确的练习顺序分析并选用相应的运动素质练习方法，使运动素质的发展与难度技术同步进行，是难度技术训练中的一般规律。正确的练习顺序要求对难度动作的构成及发展规律有着正确的认识，认识难度技术及分析运动素质是取得预期训练效益的前提。

（二）难度动作技术链分析

难度动作是竞技健美操运动中的核心内容，难度动作的发展有其自身的规律，随着竞技健美操技术的快速发展及训练手段的不断更新，难度动作将不断地得到创新。然而，尽管难度复杂多样，但每一类难度的发展，有着从基本技术到高难技术的发展过程，这就为训练活动提供了方法学的意义。

在训练实践中，高难度动作必然是以低难度动作为基础发展而来，低分值难度动作的运动素质是发展中、高难度的基础，同时为练习高难度动作进行了技能上的储备。通过体能储备和技能储备，促进由基本技术向高难技术的正向迁移。所以，对难度动作技术链和核心的基础动作的分析不但有助于技术训练，还对体能训练也有着重要意义。另外，不只在各组难度动作内部，在各组难度动作之间，也有着内在的联系，高分值难度动作的发展和创新，不仅以低分值的同组难度动作为基础，更通过连接技术上的变化，融入其他组的难度动作，从而提高动作难度价值。在高难动作之间，通过连接动作，同样可以进行难度上的创新。从FIG2005年版规则开始，对难度动作的连接给予0.1的加分。但两个高难动作连接的训练，同样遵循着技术链上的关联，在体能及技能的训练上，也遵循着从低到高的循序渐进的发展过程。

人体的运动是一个由全身各关节结合各个部分系统的整体活动，对于技术链的分析，以生物力学的客观规律为基础，技术动作的构成基本上可以分为三个阶段，即准备阶段、主要阶段和完成阶段。在各个阶段动作基础上的加难和时空上的变化，引起各关节不同的运动轴和运动面的变化，对身体姿势、关节角度、身体及肢体位移、运动时长、速度的快慢、力量的强弱、用力的稳定性及大小和方向、各环节相互配合的形式与方式、肌群的参与数量等各个基本要素进行合理适宜的匹配，从而使基本动作因不同的要素改变发展成一系列新的难度动作。同时，根据技术要素的改变，可以对众多的难度动作进行归类，使人们对运动技术的发展和相应的技术、体能训练有更深入地了解。在此基础上，依据不同的训练要求及支撑类技术的不同要素改变，可以将支撑类技术按照动作特征、腿部位置、转体度数、支撑部位等进行分类，从而进一步地明确其动作结构和动作要求，理清技术发展和体能训练的思路。通过对动作技术的要素及结构进行分类，明晰了技术完成的要求。同时，在不同难度组别技术的内部，还应当考虑不同类别技术的相互联系。

从技术发展的角度上看，高分值的难度技术是对基础难度技术的进一步发展，基础难度技术动作要素上的改变，如幅度、时间、节奏、轨迹上的变化，以及与其他难度动作的移植、交叉、连接，都会发展出高一级的难度技术动作，从而产生一系列循序渐进的纵横技术链。这就要求在体能、技能等训练活动中所获得的各种运动能力不但具备专一性，同时要具有可继续发展的空间弹性，并做好与其他难度综合结合的准备。同时，运动员竞技能力的提高，是在技能、体能发展的基础上综合能力的提高，高分值的难度技术需要基础难度技术以及体能、神经系统上的储备。在运动员训练过程中，基础难度完成能力是发展高难度技术的基础，因此，应认真研究技术的分类及联系，找出技术链发展中的规律，从而使难度技术训练更有的放矢，增加训练过程的可控程度。不仅在某一类动作技术内部，在不同组别的难度技术之间，也存在技术上的关联。在C组跳与跃的难度动作中，不同难度间的链状关系更为突出。C组难度动作的动作阶段基本分为动作开始阶段、主要（空中）动作阶段和动作结束阶段，在各个阶段中通过变换不同的技术结构要素，可以变化为新的难度技术动作，如在开始阶段通过不同的跳与跃动作开始，在主要阶段融入不同元素，在结束阶段选择基本的俯卧撑、劈腿类的动作为结束动作，演化为众多的难度动作，形成相互联系的技术链。又如：A组不同的自由倒地类技术与俯卧撑类难度动作和C组跳与跃难度动作结合，可以转变为以跳跃动作开始，在空中做屈体或团身类的动作，以落地成俯卧撑结束的各种难度动作；C组跳转类的难度动作与A组俯卧撑类难度动作或D组柔韧类难度动作相结合，可以转化为跳跃接各类空中转体动作成俯卧撑或劈腿的各种难度动作。

（三）难度技术的核心基础动作分析

通过难度技术链的分析，可以清楚地看到，在众多的难度动作之间，存在着由简单到复杂的链状联系，任何高难度动作都是由单个或多个核心基本动作即根命名难度动作发展而来。高难度动作的技术、体能训练也必然要以这些核心基本动作为基础，通过不断地丰富体能和技能储备来向高水平难度动作迈进。因此，各组难度动作中，对核心基本动作的分析具有重要意义。

（四）难度动作体能训练与技术训练的关系

通过以上分析可以看到，在同一难度组内或不同难度组间，难度的发展呈现出循序渐进的难易程度递增、交错的链状规律。高难度动作在技术上必然是以低难度动作为基础发展而来，低分值难度动作的运动素质是发展中、高难度的基础，并为练习高难度动作进行了技能和体能上的储备。通过这种储备，促进运动员的运动技能从基本技能向高难技能正向迁移。因此，在运动训练的实践中，运动员难度完成能力的发展与提高，是体能与技能同步发展并相互融合的过程。

对于目标难度而言，在一个阶段里，通过一般体能训练和专项体能训练所积累的运动素质，不断地渗透在从核心动作到目标动作的发展过程之中。同时，这个发展过程中，也不断地对体能训练进行反馈和调节，从而形成了一个双向的闭环通路，统一在运动训练实践中。经过多次这样的程序和循环，运动员的难度完成能力得到了累积和提高。

四、竞技健美操专项素质的训练方法与手段分析与总结

（一）力量素质的训练方法与手段

1. 力量训练方法的分类

在竞技健美操专项素质的训练中，力量是完成难度动作的关键，是运动员必备的重要基础素质。在完成起跳、转体、落地、支撑、落地成俯卧撑、平衡、姿态控制等专项技术动作时，需要多个部位、不同形式的力量来保证。在训练中，力量有动力性力量和静力性力量，动力性力量包括不同表现形式的最大力量、速度力量（快速力量）、耐力力量和相对力量，其中速度力量是重点。动力性力量训练方法包含了众多的内容，它是由强度（负荷重量）、组数、每组重复次数、每组间歇时间等要素组成的。由此，在力量的训练方法的体系上可分为了静力性力量训练方法和动力性力量训练方法两种。其中动力性力量训练方法又可分为克制训练方法（即重复法、强度法、极限强度法、快速用力法）、退让训练方法、超等长训练法、等动训练法。

2. 动力性力量的训练方法及负荷特征

发展最大力量的训练方法主要有重复法、强度法、极限强度法、退让练习法等。退让练习法即离心收缩法，是肌肉起止点被彼此分离的练习，负

重性的力量练习中一般都包含退让性的肌肉用力，竞技健美操中多数的制动动作也需要肌肉的离心收缩。在发展力量中，退让练习应该与克制性力量练习相结合。可采用同克制性练习同种项目进行退让练习，强度可采用80%~120%的重量，还可以在同伴的帮助保护下或利用特殊装置下进行。快速力量是速度与力量的综合表现，是以最快的速度克服阻力的能力，它的提高受速度素质和力量素质的影响。在竞技健美操中，速度力量表现在跳与跃动作的下肢起跳、团身、躯干转体等动作中，并以爆发力为典型表现形式。发展爆发力的方法主要有两种分别是快速用力性练习法和超等长性练习法方法。超等长练习发展爆发力的方法和练习内容主要是用各种跳步练习和跳跃练习完成的。快速力量的提高不仅取决于肌肉收缩的速度，也有赖于最大力量的发展，因此，发展快速力量时，要尽可能地提高肌肉的最大力量，它是把快速力量练习与单纯发展力量的练习相结合的力量练习。技术动作中快速力量能力的发挥，需要以技术动作的熟练程度和正确性为基础，选用与专项要求相适宜的负荷，并在练习中从轻负荷过渡到重负荷。

3. 静力性力量的训练方法及负荷特征

静力性力量耐力对竞技健美操有着重要作用，主要表现在支撑、水平、平衡类技术和在成套动作中保持正确身体姿态的用力。力量耐力是力量和耐力的综合素质的表现形式，是在静力性力量或动力性力量练习中维护肌肉能够长时间保持工作状态，而不降低其工作效果的能力。根据肌肉工作方式，力量耐力可分为动力性力量耐力和静力性力量耐力。静力性力量训练可以提高最大力量，也是动力性力量的基础，静力性力量练习是发展静态力量的有效手段之一。静力性力量练习能有效地发展肌肉力量，是因为进行静力练习时肌肉长度基本不变，肌肉收缩所产生的能量基本上表现为肌肉张力增大。静力性练习需要在无氧环境下进行，从而会导致体内能量储备的迅速耗尽，从而迅速出现疲劳。这就是静力性训练一大特点。

4. 力量训练中的主要关节及肌群

通过对各难度动作发展的核心基本动作进行分析，可以归纳出竞技健美操中人体完成核心基本动作时的主要动作形式，继而对关节活动和主要的运动肌群做出进一步的分析。这些动作形式将为力量训练的手段提供参考，选择与这些基本动作相似的动作练习，将有效地提高力量练习身体部位的针对性，并提高力量素质的专项化转移的有效性。

5. 力量训练的技术动作

力量训练技术动作的选择可以采用克服外部阻力的练习或以自身体重为基础的练习，克服外部阻力的练习可利用杠铃、哑铃或其他器械，以自身体重为基础的练习可结合大量专项技术动作进行。

（1）上肢力量训练技术动作以窄距俯卧撑、夹肘俯卧撑、臂屈伸等动作发展肱三头肌力量，以弯举动作发展肱二头肌、肱肌力量，以上推举、侧平举等动作发展三角肌力量，以负重腕屈伸、旋腕练习动作发展前臂的屈伸肌群力量。在克服自身重量的练习中，可采用不同形式的俯卧撑难度技术发展上肢推撑力量，如俯卧撑击掌、倒立推、推小车、自由倒地成俯卧撑、跳起成俯卧撑等动作形式。

（2）下肢力量训练技术动作以负重蹲起（跳）、腿屈伸、腿举等动作发展以股四头肌为主动肌、臀大肌为主要协同肌的肌肉力量，以器械腿弯举等动作发展以股二头肌、半腱肌、半膜肌为主动肌的后群肌肉，以负重提踵为主要动作发展小腿腓肠肌和比目鱼肌力量，以仰卧臀上挺为主要动作发展臀部肌肉力量。在克服自身重量的练习中，以各种纵跳、跳深、屈体分腿跳、科萨克跳、吸腿跳等发展下肢快速力量，以各种前、侧、后的快速踢腿和旋踢腿发展髋关节的动力性力量。

（3）躯干力量可用杠铃、哑铃或综合器械发展以胸大肌力量为主的动作，包括卧推、飞鸟、俯卧撑、双杠臂屈伸等；以硬拉、下拉、引体向上为主要动作发展背阔肌、斜方肌、大圆肌、小圆肌、冈下肌等肌群的背部力量。

以仰卧起坐、两头起、悬垂举腿、仰卧转体、负重转体、悬垂转体、俯卧挺身等动作发展腹部和腰部动力性力量，以控腹、仰卧挺身控制等静力性练习发展腰腹部的静力性力量，以分腿支撑、直角支撑、支撑转体等动作发展屈髋的静力性力量。

（二）柔韧素质的训练方法与手段

竞技健美操运动员具有的最基本素质就是柔韧素质。对一名运动员来说，具有好的柔韧素质，能够控制训练的动作的幅度以及很好完成高难度。同时可以减少运动过程中身体受到损伤的情况发生。柔韧素质的训练对于提高运动员的运动技术水平有着非常重要的意义。

1. 柔韧素质训练方法的分类

发展柔韧素质常用训练方法是动性拉伸练习和被动性拉伸练习两种。

主动性拉伸练习是运动员需要靠着自己的力量，通过锻炼增加关节处有关联肌肉的主动收缩性，锻炼关节灵活性的练习，可分为主动的动力性拉伸练习和主动的静力性拉伸练习。主动的静力性拉伸练习是运动员在身体动作在最大限度下，大幅度地靠着自身肌肉力量保持静止姿势的训练。

柔韧素质的训练，在负荷强度上一般采用中等强度，以运动员主观感受为依据，根据年龄、性别、技术要求特点和不同训练阶段的任务灵活安排，它是把主动性柔韧练习和被动性柔韧练习相结合，同时把力量练习和柔韧练习相结合。

2. 柔韧素质训练的部位及方法手段

竞技健美操要求全身的多个关节、部位都具备良好的柔韧性，包括肩、胸、腰、髋、腿部、踝、手腕等。肩部柔韧性练习动作主由压、拉、吊、转等几种形式组成，如压肩、拉肩、吊肩、转肩等；胸部柔韧性练习动作主要是压胸；腰部柔韧性练习可用甩腰、仰卧、各类体前屈等动作；腿部柔韧性练习主要发展腿部前、侧、后的各组肌群伸展和快速收缩的能力及髋关节的灵活性，主要采用压、踢、开、控、劈等腿部动作方式；踝关节主要用坐姿或跪姿压脚背的方法发展其柔韧性。

（三）耐力素质的训练方法与手段

耐力素质按照氧代谢的特征可分为无氧耐力和有氧耐力，按照耐力与专项的关系可分为一般耐力和专项耐力。竞技健美操的项目技术特征决定了其耐力素质的表现形式是以最佳的技术质量重复完成完整比赛套路的能力。从供能机制上看，竞技健美操是以糖酵解供能为主的多个供能系统的联合供能。

对于专项耐力的训练，重点发展乳酸供能的无氧耐力。无氧耐力的发展，是建立在有氧耐力提高的基础之上的，有氧耐力的提高不但对训练本身有着重要意义，而且有益于训练中间和训练结束后的快速恢复。所以，竞技健美操耐力素质的训练要兼顾提高运动员的有氧耐力和无氧耐力。

1. 有氧耐力的训练

运动员有氧耐力的发展水平取决于三方面的因素，即：为运动中所需要的能源物质做储备；提供所必要的ATP的有氧代谢能力为肌肉工作提供能量；需要人体肌肉、关节、韧带等支撑着运动器官对长时间运动所承受的能力。所以，提高有氧耐力的主要途径是让运动员体内摄氧、输氧及用氧能力提高，使运动员体内适量的糖和脂肪保持着足够的存储量、提高对身体肌肉、关节、韧带等关联的运动器官对运动的长时间支撑所承受的负荷的能力。最大吸氧量是肺、心脏直到末梢的一种全面的呼吸循环机能的综合指标，是反映运动员有氧耐力的主要标志。在训练方法上，可用持续训练法或间歇训练法进行训练。持续训练法训练强度的心率一般控制在145~170次／分，适宜的心率公式为：安静时心率＋（最大心率－安静时心率）×70%左右，持续时间不低于20分钟。或采用低于运动员个体乳酸阈的强度发展有氧能力。使用间歇训练法训练心率控制在170~180次／分，持续工作时间不超过两分钟，间歇时间心率下降到120次／分左右时，开始下一组练习，采用积极性休息方式，整个过程应在半小时以上。

2. 无氧耐力的训练

运动员无氧耐力的发展水平主要取决于无氧代谢能力、能源物质（ATP、CP、糖原）的储存和肌肉、关节、韧带等支撑运动器官对长时间大强度工作承受能力等因素的影响。对竞技健美操运动员而言，糖酵解供能无氧耐力是训练重点，主要采用间歇训练法和重复训练法，在强度上应达到本人可以承受的最大强度的80%~90%，心率达到180~190次／分，使运动员机体处于糖酵解供能状态，负荷持续的时间在1~2分钟之间，练习的组数和次数依据运动员基本能保持所规定的负荷强度而定。在间歇时间上，可采用固定间歇时间或逐步缩短间歇时间的方式安排，使运动员体内的乳酸堆积处在一个较高值。在实施手段上，多以高质量完成半套或完成整套动作为手段进行专项耐力的训练。

（四）速度素质的训练方法与手段

竞技健美操的速度素质主要体现在以下几个方面：对音乐（尤其是节奏变化时）的反应速度、完成成套动作全场移动路线时的移动速度及动作速度，其中最重要的是动作速度。竞技健美操运动员要高速完成复杂变化的各种动作，在每拍的动作时间内缩短动作开始姿势到完成姿势的动作时间，从而在完成姿势结束时表现良好的身体姿态和制动，体现出力度感。动作速度与准备姿势、动作的协调性、熟练程度、运动力量等有关，因此在速度训练中应注意相关素质的均衡发展，促进运动素质间的良好转移。

动作速度是通过具体的动作表现出来的，必须进行技术水平的巩固和提升以及其他运动素质的发展方可得到培养，动作速度的训练方法要着眼于技术训练和素质训练的结合，利用与专项技术结构特点相似的练习手段进行训练，兼顾动作速度的提高与正确动作技术的保持，主要的练习方法有：

（1）专项技术动作持续训练法，即选取专项技术中单个基本动作或多个动作的组合，连续完成一组练习的方法。其作用为在相似的动作结构中促进力量和速度的良好转移。

（2）助力法，即利用外界的保护帮助使运动员体会快速完成动作的方法，主要用于建立运动员的速度感觉。在助力过程中，要掌握好保护帮助的时机，并辅以合适的语言提示。

（3）负重训练法，即通过增加负重完成动作的方法。其作用在于通过发展速度和发展力量的结合，促进速度力量的提高。练习中也可把各种负重和不负重的练习结合在一起。

（4）加大难度训练法，即通过限制练习完成的空间、时间、条件界限等完成动作的方法。如变奏训练法，通过改变音乐节奏完成一段练习，培养运动员对技术动作的熟练程度和对自身姿态的控制能力。或者在难度练习时，加大难度动作的完成程度，从而获得正常难度的快速完成能力。

第七章　高校健美操运动健身效果评价体系的创新与应用

第一节　健美操运行健身锻炼效果评价体系的意义及原则

一、评定健美操锻炼效果的简易指标和方法

对健美操健身效果进行检查与评定，需要参考的简易指标主要有；心率（或脉搏）、血压、肌肉力量、呼吸频率以及锻炼时间。

1. 心率（或脉搏）

心率是指心脏每分钟跳动的次数，一般情况下，正常成年人的心率为60~100次／分。测定心率通常会用听诊器，也可用其他仪器测定。在进行健美操健身过程中，往往会用脉搏次数来表示心率次数，而脉搏则可以用手在桡动脉、颈动脉和足背动脉直接测定。对于运动强度的测定，心率是一项比较灵敏的指标，但对于健美操健身锻炼的效果不太明显，因为短时间内健美操健身锻炼的效果不能通过心率表现出来。由此可以得出，心率是测定健身效果的指标，只能应用于长期从事体育锻炼取得较明显效果的人群。根据测定的结果可以看出，如果心率表现出良好的机能变化，就说明健美操健身锻炼的效果非常明显。

2. 血压

血压是指流动的血液对血管壁的侧压力，通常指的都是动脉血压，由于受到心动周期的变化影响，血压值也会相应地有一定的变化。动脉血压的最高值为收缩压，正常值为100~130毫米汞柱；最低值为舒张压，正常值为60~80毫米汞柱。测定血压常用的仪器主要有血压计和听诊器。健美操健身锻炼时，血压的变化程度通常都会较大。长期坚持进行健美操锻炼，对血压变

化的良好影响才能够较明显地表现出来。在应用血压这一指标评定锻炼效果时，为了取得较为客观的评定结果，要注意血压变化这一特点。对于不同的人群要采取不同的测定方法。例如：对于高血压患者，要经常观察血压的变化，而对于有一定基础的学生，则多在定量负荷后测定血压，这样有利于心血管机能的综合评定。

3. 肌肉力量

肌肉收缩产生的张力就是肌肉力量。肌肉力量受到多个因素的影响，如肌肉群不同、关节角度和收缩速度不同，那么产生的肌肉力量也会有一定的差异性，但是通常情况下，对于人体的某一块肌肉来说，其肌肉力量是相对恒定的。作为评定健美操健身效果的测定指标，肌肉力量不仅可以对其肌肉群的最大肌力进行测定，还能对身体承受一定负荷的重复次数进行有效测定。肌肉力量是一项比较敏感的指标，通常可用于短时间内健美操健身锻炼运动效果的评定。这主要是由于短时间健美操健身锻炼后，尤其是有针对性的力量练习后，肌肉力量就会明显增加。在应用肌肉力量这一指标来评定健身效果时，由于力量练习后的第三天可能会由于身体疲劳或肌肉疼痛而影响评定效果，因此通常都会在力量练习后的几天或一周后进行健身效果评定。

4. 呼吸频率

健美操健身运动结束后，肺通气功能的变化可以通过呼吸频率的变化充分地反映出来，一般人体安静时呼吸频率为12~16次 / 分，而进行健美操运动时，则会使呼吸频率明显增加。呼吸频率的测定指标为胸廓的起伏次数。在测定呼吸频率时，最好转移受试者的注意力，否则会影响测定的效果。

5. 锻炼时间

这里所说的锻炼时间是指在一次性锻炼过程中从活动开始到感到疲劳而停止运动的时间。通常情况下，判断疲劳程度和决定中止运动锻炼都是以健身者的主观感受为依据的。由于锻炼者自己的感受具有一定的主观性，因此在以此为主要指标时，一定要注意前后的一致性，以保证客观性。

健美操健身效果的评定，健身锻炼时间是一个比较敏感的指标。通常来说，通过短时间（两周左右）的健美操健身锻炼后，运动时间就可延长。除此之外，在应用这一指标时，评定健身效果可以采取同样的锻炼时间来记录身体的不同感觉的方法。如果运动时间相同，而身体的疲劳反应程度小，就说明身体机能有所提高。

二、安静状态下健美操健身锻炼效果的生理评定

用于评定健美操健身效果的安静状态可大致分为平时不运动的一般安静状态和清晨起床前安静状态两种，具体如下：

（1）一般安静状态。人体相对不运动的状态就是这里所说的一般安静状态，这是一种对运动效果进行评定常用的机能状态。对健美操健身效果进行评定时，需要测定某些相关的生理指标，这时候应该注意避免运动、情绪波动、疾病等因素的影响。另外，为了避免健美操健身锻炼后恢复时间的不同对测定结果产生影响。还要求尽量不在体育锻炼前后进行。除此之外，由于呼吸频率、血压等受心理因素影响较大，最好控制其影响。

（2）清晨起床前的安静状态。就是指人在早晨起床前，静止、清醒、空腹的基础状态称作为安静状态。这种状态对于健美操健身效果的评定是最好的，主要是因为这种状态十分接近人体的基础状态，在测定身体的各种生理指标时，受内、外环境因素的影响均较小，因此，能够更加客观地反映出健美操锻炼对人体生理机能的影响。

三、安静状态下评定健美操健身效果的生理指标

在安静状态下，对健美操健身效果进行评定的生理指标主要有心率、血压、肌肉体积和肺活量。

（1）心率。如果长期进行健美操健身运动后，出现安静时心率下降的情况，就说明身体机能是比较好的。之所以会出现这种情况，主要是由于健美操健身锻炼增加了心脏的收缩力量，使安静时心脏每次收缩射出的血量增加，如果此时输出量变化不大，那么心脏每分钟收缩的次数就会减少，由此可以看出，这种变化是有利于心脏的工作的。长期进行耐力训练的运动员，安静

时心率为50~60次／分，最低者仅为30次／分。在安静状态下，心率会较运动锻炼时下降，与此同时，心脏的收缩功能会增强，输送血液能力增强。

（2）血压。血压不同的人，受健美操健身锻炼的影响也有一定的差别。在用血压进行健美操健身效果的评定时要注意这一问题。通常情况下，健美操运动之后，安静时收缩压和舒张压下降是生理机能的良好反应，血压下降充分说明健美操健身锻炼使血管弹性有所提高，使血管缓冲血压变化的能力有所增强。此外，对于血压较低的人来说，进行健美操健身锻炼会较好地增加血压，增强心脏收缩力量。由此可以看出，健美操健身锻炼能够有效调节血压。

（3）肌肉体积。肌肉体积是用来评定健美操健身效果的运动系统的主要指标。实践证明，经过一段时间的健美操健身锻炼之后，肌肉体积增大就表示健美操健身锻炼有利于肌肉的生长发育。肌肉体积的变化可以通过臀围和腿围这两个指标的测定得出，但是由于健美操健身锻炼会使皮下脂肪含量减少，可能会导致测得的肌肉体积增加不明显，因此，为了取得更加理想的评定效果，在运用肌肉体积进行健美操健身效果评定时，还需要同时对体重、臀围和肌肉力量等指标的变化进行测定，从而进行综合评定。

（4）肺活量。肺活量主要是用来评定身体肺通气的功能是否发生变化的一项理想指标。健美操健身锻炼之后，如果肺活量增加，这就说明机体机能反应出现了适应性变化，是有利的变化，另外，还可以通过胸围差进行测定，并以此为依据来评定呼吸功能的变化。一般胸围差越大，呼吸功能的潜力越大，表明体育锻炼的效果越好。

第二节　健美操运动自我监督体系改革

所谓的健美操运动的自我监督，就是指练习者在健美操训练的过程中，对自己的身体健康和身体机能状况进行自我监察，它会让练习者在训练中预防运动性损伤，增强身体体质，让练习者的健康状况和锻炼效果得到更为有效保证。除此之外，它还能够用于自我评定运动负荷大小。通常情况下，自我监督的内容主要包括两个方面，即自我感觉、自我监测与自我评价。

一、自我感觉

所谓的自我感觉就是主观感觉，主要包括五个方面，即一般感觉、睡眠、练习心情、食欲、排汗量。这五个方面可以在一定程度上反映自我感觉的情况。

（一）一般感觉

一般感觉可以分为两种情况，即良好感觉和不良感觉，其中，良好感觉是精神饱满、心情愉快、锻炼积极性高，即使锻炼中稍有疲劳或者肌肉酸痛感，休息后很快就能恢复。而不良感觉则是锻炼过程中出现精神不振、头痛、疲倦、恶心等症状的情况。通常情况下，导致不良感觉出现的原因可能是身体不适应或准备活动不充分，应及时调整运动量。如果持续时间过长，应立即停止运动并向医生咨询补救措施。

（二）睡眠

睡眠质量在很大程度上反映自我感觉的状况。如果睡眠好、入睡快、梦少、不易惊醒，晨起精神饱满，就表示运动量适度，可继续进行健身锻炼；如果出现嗜睡，清晨起床后头昏脑涨、四肢酸软无力等症状，就表示运动量过大，应该适当调整运动量，严重者应立即停止锻炼。适宜地进行健美操健身锻炼，对于睡眠有很好的调节作用，良好的睡眠又对运动后疲劳的恢复有非常大的帮助。

（三）练习心情

练习时自己的心情状况就是所谓的练习心情，它也能够反映自我感觉的情况。如果心情愉快、精力充沛、渴望并乐意参加锻炼，就表示运动量适度，可以继续进行健身锻炼；如果锻炼后出现精神不振，对练习不感兴趣、冷淡或厌倦情绪，那么就可能由于练习时间过长，或者练习方法不当，并且有可能出现疲劳，这时就应立即停止健身锻炼，以消除疲劳，应注意循序渐进地进行锻炼，不可盲目进行。

（四）食欲

通常情况下，健身锻炼之后的食欲都较好，这主要是由于运动消耗能量较多。需要注意的是，运动后半小时内不要进食，可适量补充水分。食欲的可在一定程度上反映健身效果的情况。食欲良好，则表示运动量适宜，可以继续进行锻炼；如果锻炼前后的食欲无变化，有可能是运动量不足，应适当加大运动量；如果出现食欲减退或厌食等情况，则表示运动负荷过大，应适当减少运动量，并注意循序渐进地进行锻炼。

（五）排汗量

进行健美操健身锻炼时，排汗量的多少受到多方面的影响，如运动负荷、训练水平、饮水量、气温、衣着的多少等。另外，还与神经系统的状态和肾的功能状况密切相关。肾虚往往排汗量较多。排除这一情况外，如果健身锻炼时排汗量较大，甚至出现夜间盗汗等反常现象，则说明近期运动量可能过大或身体功能不良，应适当调整运动强度和练习时间，注意合理地休息、调节。

二、自我监测与自我评价

健美操健身锻炼中，能够对人体机能状况进行客观反映的指标主要有两种，即脉搏、体重。具体可以通过这两个方面的监测来评价健身效果。

（一）脉搏

脉搏会受到所参与运动的训练水平的影响。通常来说，经常做健美操运动的人，其安静的条件下脉搏是较慢的。而很少参加锻炼的人脉搏较快。如果训练水平提高或下降，那么脉搏会受此影响而发生相应的变化。在通过脉搏来进行自我监测时，通常都是选清晨卧位安静时的脉搏。这主要是由于清晨卧位脉搏能够较为客观、准确地反映身体机能状况一般来说，都是通过清晨卧位脉搏的测量来计算心率的。测量清晨卧位脉搏时，一般记录10秒的脉搏数值，需要注意的是，脉搏数值要稳定，即连续两次测量的数值是一样的，否则重测，然后以此为依据来计算出每分钟的心率。除此之外，运动前、运动中、运动后的心率或脉搏也能够作为自我监测健身效果的重要指标。

脉搏最简便的测量方法是自己测量。具体的测量方法为：在运动前先测量10秒的安静脉搏次数；在有氧运动结束时，测量手腕部桡动脉10秒内跳动的次数，再乘以6，以算出运动中每分钟的心率或脉率。这也可以用来推算运动中的心率或脉率，还可以结合自己的年龄，对自己运动中的心率是否在中等强度的有氧运动心率范围内进行相应的评定。

（二）体重

在自我监测体重时，建议每周选择测量体重1~2次，每次测量时最好是早晨进行，但一定要注意的是需要在一天的同一时间内进行。测量时需要注意的是，为避免受到外界条件的影响出现误差，应做到空腹、排空大小便，并穿内衣裤进行。测量完成后，如果出现“进行性下降”并伴有其他异常征兆，那么就说明可能是过度训练或患有慢性消耗性疾病，具体应详细查出原因。在坚持系统地体育锻炼后，人体体重会发生变化，表现出三个阶段：第一阶段：体重呈现出逐渐下降的趋势，这主要是由于机体失去过多的水分和脂肪造成的。时间大致会持续3~4个周，有可能会更长的时间。第二阶段：这个阶段的体重较为稳定，运动后所减轻的体重完全恢复，需要持续时间一般为5~6周。第三阶段：这个阶段体重会有所增加并能够保持在一定水平上，这主要原因是身体肌肉组织在不断发达的表现。

结　语

当下，践行“体育强国”战略是我国体育发展的基本目标。实现这一目标，高校健美操就必须坚持以科学发展为核心的思想指导，进行深刻的反思与创新研究。

我国高校健美操的教学历史较短，和健美操发展成熟的国家相比还有很大的差距，高校健美操师应该认识到差距所在，重视更新自己的专业知识和技术技能，善于学习、善于研究、善于创新，与国际健美操的发展接轨，与时俱进，了解健美操发展的最新态势和最新研究成果，并将这些新知识、新动态、新成果应用到高校健美操教学实践中去，不断提高高校健美操教学的质量，以符合当今新时代下健美操在高校中的发展和教学改革的要求。同时不断培养出适应社会需求的全面发展的高素质人才。因此，高校体育教学不但要必须紧跟时代发展的步伐，还需要求高校体育教师应当强化现代体育教学理念，切实转变传统的体育教学观念，创新体育教学方法。对于当代大学生来说，体育教学已经不仅仅具有身体上的锻炼价值，而且还可以通过开展高校体育教学，实施人文教育，完善大学生的品德、人格。开发大学生的潜能以及特长，培养大学生的创新性思维和社交能力，这对于全面提升大学生的综合素质具有十分重要的作用。高校健美操体育教学应当时刻围绕培养和开发学生的体质，培养学生体育兴趣与爱好，并帮助学生养成终身参加体育运动的良好习惯。

因此，要改革传统的健美操体育教学培养目标，必须以增强学生的体质为出发点，安排组织好高校健美操教学，注重培养学生的体育意识，在实现人性化教学的过程中，培养学生的终身体育习惯，引导大学生追求高品质健康生活，是高校健美操教学发展的趋势。

参考文献

[1] 马超，寿旻超. Sports Competition Assistant System Based on Fuzzy Big Data and Health Exercise Recognition Algorithm [J]. MOBILE INFORMATION SYSTEMS，10.1155/2021/7687178.

[2] 车磊. 中、法、韩、罗四国优秀健美操运动员培养模式的研究 [D]. 上海: 华东师范大学体育与健康学院，2014.

[3] 姜丽萍，李雪，寿旻超. 高校高水平运动员引领建设的第二课堂研究 [J]. 浙江体育科学，2019，41 (1): 57-61.

[4] 周艳华，健美操教学与实践创新 [M]. 长春: 吉林大学出版社，2015.

[5] 陈天鹏. 新形势下健美操教学理论与实践研究 [M]. 北京: 中国原子能出版社，2016.

[6] 李孟华. 高校健美操运动与教学研究 [M]. 北京: 北京工业大学出版社，2018.

[7] 郭改林. 高校健美操教学训练与创编研究 [M]. 北京: 新华出版社，2014.

[8] 王桂侠，任素卿，姜媛媛. 高校健美操课程教学研究与训练实践 [M]. 北京: 中国时代经济出版社，2014.

[9] 严美萍. 高校健美操与校园体育文化的协同发展研究 [M]. 长春: 吉林大学出版，2020.

[10] 王晶. 新形势下高校健美操中教与练的研究 [M]. 长春: 吉林大学出版，2018.

[11] 马玲，黄燕，李杰. 高校健美操运动创新发展研究 [M]. 北京: 中国时代经济出版社，2014.

[12] 周茜，张慧敏，王辉. 现代健美操价值功能与训练方法探究 [M]. 北

京: 现代教育出版社， 2013.
[13] 冯永丽. 普通高校体育与健康理论教程 [M]. 天津: 南开大学出版社，2012.
[14] 黄玲，朱晓娜. 动感艺术——健美操 [M]. 北京: 海洋出版社， 2009.
[15] 张虹. 健美操 [M]. 北京: 北京师范大学出版， 2008.
[16] 王轲，王家彬. 体育舞蹈与流行交谊舞 [M]. 西安: 西北工业大学出版社， 2007.
[17] 何荣，王长青. 健美操教程 [M]. 北京: 北京师范大学出版社，2010.
[18] 秦文明. 体育舞蹈 [M]. 合肥: 合肥工业大学出版社，2003.
[19] 张瑞林. 体育舞蹈 [M]. 北京: 高等教育出版社，2005.
[20] 刘光红. 体育舞蹈读本 [M]. 北京: 人民体育出版社，2006.
[21] 姜桂萍，宋璐毅. 体育舞蹈艺术体操 [M]. 桂林: 广西师范大学出版社，2003.
[22] 张岚，田颖华. 健身健美操教程 [M]. 武汉: 华中科技大学出版社，2009.
[23] 王京琼. 健美操教学与训练 [M]. 长沙: 中南大学出版社， 2008.
[24] 赵爽. 校园体育文化发展趋势探析 [J].商， 2014 (1): 380.
[25] 王海洋. 自媒体时代湖北省高校校园体育文化影响力的研究 [D]. 荆州：长江大学，2018.
[26] 卫建平. 和谐社会进程中大学校园体育文化特征和体系构建 [D]. 太原：山西师范大学，2012.
[27] 董密. 吉林省高校校园体育文化建设现状的研究 [D]. 大连：辽宁师范大学， 2013.
[28] 谭明雅. 高校校园体育文化建设现状及对策研究 [J]. 文体用品与科技，2018 (12).
[29] 杨放. 啦啦操运动理论与实践 [M] 桂林: 广西师范大学出版社，2012.